O STF E A CONSTITUIÇÃO ECONÔMICA:

casos e funções

COLEÇÃO CLÁSSICOS DO DIREITO

inter
saberes

André Ramos Tavares
Marina Faraco Lacerda Gama

O STF E A CONSTITUIÇÃO ECONÔMICA:

casos e funções

inter saberes

Rua Clara Vendramin, 58 ■ Mossunguê
CEP 81200-170 ■ Curitiba ■ PR ■ Brasil
Fone: (41) 2106-4170
www.intersaberes.com
editora@intersaberes.com

Editora-chefe Lindsay Azambuja
Gerente editorial Ariadne Nunes Wenger
Assistente editorial Daniela Viroli Pereira Pinto
Edição de texto Ana Maria Ziccardi ■ Tiago Krelling Marinaska
Capa e projeto gráfico Sílvio Gabriel Spannenberg
Fotografias dos autores Dani Motta Fotografia
Equipe de *design* Sílvio Gabriel Spannenberg
Diagramação Fabiola Penso
Iconografia Regina Claudia Cruz Prestes

Dados Internacionais de Catalogação na Publicação (CIP)
(Câmara Brasileira do Livro, SP, Brasil)

Tavares, André Ramos
O STF e a constituição econômica : casos e funções / André Ramos Tavares, Marina Faraco Lacerda Gama. -- Curitiba, PR : InterSaberes, 2024. -- (Série clássicos do direito ; v. 3)
Bibliografia.
ISBN 978-85-227-1628-9
1. Brasil. Supremo Tribunal Federal 2. Brasil - Política econômica 3. Direito - Aspectos econômicos 4. Direito constitucional - Brasil 5. Direito econômico - Brasil 6. Ordem econômica I. Gama, Marina Faraco Lacerda. II. Título. III. Série.
24-231161 CDU-347.991:342:33(81)

Índices para catálogo sistemático:
1. Brasil : Supremo Tribunal Federal: Direito constitucional econômico 347.991:342:33(81)
Cibele Maria Dias - Bibliotecária - CRB-8/9427

1ª edição, 2022.
Foi feito o depósito legal.

Sumário

Introdução

O objetivo central desta obra é compreender o sentido, o conteúdo e o alcance das normas constitucionais expressas no art. 170 da Constituição do Brasil de 1988, que conformam a essência da Ordem Econômica brasileira, desde seus fundamentos, objetivos e princípios expressos, sempre sob a perspectiva e o recorte proporcionados pela jurisprudência mais recente do Supremo Tribunal Federal (STF). Essa análise é feita, complementarmente, apresentando as funções que a citada instituição exerce, como Corte Constitucional, nessas relevantes decisões constitucionais (Tavares, 2005).

A intensa judicialização do direito constitucional econômico foi responsável por apresentar, com mais nitidez, um STF partícipe da atuação do Estado na economia, sobretudo ao concretizar os mandamentos da Constituição Econômica, seja revisando, seja "validando" as políticas estatais destinadas à regulação das atividades econômicas com vistas à realização dos comandos constitucionais consagrados na Ordem Econômica de 1988. Daí porque se pode falar em um verdadeiro *direito constitucional econômico aplicado*, que, aqui, se apresenta por meio do exame de casos julgados pelo STF e das funções desenvolvidas pela Corte em cada uma dessas decisões.

A importância da atuação do STF na concretização dos valores consagrados na Constituição Econômica de 1988 fica evidenciada em cada *case* econômico analisado, detalhando o preponderante papel que os Tribunais Constitucionais têm assumido nas democracias contemporâneas para a efetivação dos direitos fundamentais, não sob uma perspectiva supostamente "ativista" – expressão que não traduz, no direito brasileiro, efetiva categoria jurídica, sendo irrelevante para determinar a validade ou a invalidade jurídica da decisão judicial (cf. Faraco, 2018) – senão sob uma perspectiva substancialista ou realizadora da justiça constitucional.

Por se tratar de normas majoritariamente abertas, que amparam a atuação do Estado na economia, seja de forma direta, seja indireta, o exame da jurisprudência do STF proporciona, ainda, o conhecimento mais íntimo do tema, resultante do exercício da função interpretativa pela Corte, à qual a própria Constituição incumbiu a tarefa de conferir a última palavra quanto à interpretação de suas normas, nos termos do art. 102, *caput*, da Lei Maior.

Daí porque a compreensão das normas da Constituição Econômica brasileira com base no entendimento manifestado pelo STF em cada caso, como se faz nesta obra, pode oferecer significativa contribuição teórica e prática para o estudo do direito constitucional econômico. Vale registrar que o econômico é indissociável, na Constituição Econômica, do social. É também relevante acentuar, desde logo, que a Constituição Econômica é indissociável da tradicional Constituição política. Assim, a constante referência à Constituição Econômica se faz, nesta obra, sem com isso assumir a conotação fragmentadora do corpo constitucional ou um isolamento desse setor em relação ao restante da Constituição.

A compatibilização de princípios – dos quais emanam comandos que, na prática, podem se configurar díspares – realizada pela Corte em cada caso examinado revela, ainda, o importante papel de guardião último da unidade constitucional que lhe foi confiada pela Constituição. Nesse sentido, são diversas as decisões do STF analisadas que buscam exatamente a concomitante conjugação dos princípios da Ordem Econômica brasileira, revisando políticas públicas e produções normativas típicas, em conformidade com esses valores, concretizados de forma conjunta com base no entendimento da Corte sobre o significado de nossa Constituição Econômica para cada caso.

Nessa perspectiva, a obra está estruturada em três capítulos, que absorvem, sucessivamente, a interpretação da Corte sobre o conceito de Constituição Econômica, seus fundamentos, objetivos e princípios norteadores, em consonância com a jurisprudência do Supremo Tribunal Federal.

No Capítulo 1, são analisados julgados que revelam o conceito de Constituição Econômica no entendimento do STF, compreendida como o sistema de normas constitucionais que define, institucionalmente, o modo de produção econômica, dirigindo a atuação estatal sobre a economia.

No Capítulo 2, são examinadas decisões do STF que concretizam os fundamentos da valorização do trabalho humano e da livre iniciativa e o objetivo de assegurar existência digna a todos, conforme os ditames da justiça social, sobre os quais se assentam todas as demais normas da Constituição Econômica de 1988.

Por fim, no Capítulo 3, são apresentados julgados que traduzem o alcance dos princípios explícitos da Constituição Econômica de 1988 sob a visão do STF, concretizando a soberania nacional, a propriedade privada e sua função social, a livre concorrência, a defesa do consumidor e do meio ambiente, a redução das desigualdades regionais e sociais, a busca do pleno emprego, o tratamento favorecido a empresas brasileiras de pequeno porte e a liberdade de exercício econômico. Toda essa jurisprudência será objeto de análise crítica quanto ao seu mérito, categorizando-se, ainda, o tipo de função que, por meio delas, a Corte está desenvolvendo no cenário institucional brasileiro.

Dessa forma, com base na análise de decisões emblemáticas do STF sobre a matéria, esta obra se propõe a identificar, simultaneamente, o conteúdo jurídico das normas fundantes da Ordem Econômica brasileira sob a racionalidade da citada instituição e as funções desempenhadas em cada caso, para demonstrar, em última análise, os impactos da concretização da Constituição Econômica brasileira pelo órgão – na realidade socioeconômica do país.

Capítulo 1

Constituição Econômica: a definição pela corte constitucional brasileira

A expressão *Constituição Econômica* abrange todas as normas relacionadas à vida econômica, em um sentido que se deve considerar amplo. Assim, além das normas que disciplinam a atuação do Estado e dos agentes privados na economia propriamente dita, é imprescindível incluir as normas que explicitam os direitos sociais, a democracia econômica e, sobretudo, as normas que estabelecem uma estrutura deliberadamente direcionada para promover um desenvolvimento do país atento a suas especificidades. Em geral, essas normas sofrem um recorte formal (Tavares, 2011, p. 62), de maneira a acompanhar o modelo usualmente adotado na prática constitucional.

Assim como fizeram as precedentes Cartas de 1934, 1937, 1946 e 1967[1], a Constituição do Brasil de 1988 igualmente dedicou título próprio à Ordem Econômica[2], sendo este o microssistema de normas constitucionais "onde se definem os princípios de coordenação e regulamentação da vida econômico-social", como define Canotilho (2003, p. 182).

Incumbe à Constituição Econômica indicar as bases do sistema econômico adotado no país, como reconheceu o Supremo Tribunal Federal (STF) na Ação Direta de Inconstitucionalidade (ADI) n. 1.950 (Brasil, 2006c), julgada em 2005. É o que se encontra no voto do Ministro Eros Grau, relator da ação:

> A ordem econômica ou Constituição econômica pode ser definida, enquanto parcela da ordem jurídica, mundo do dever ser, como o sistema de normas que define, institucionalmente, determinado modo de produção econômica. A ordem econômica diretiva contemplada na Constituição de 1.988 propõe a transformação do mundo do ser. Diz o seu artigo 170 que a ordem econômica [mundo do ser] deverá estar fundada na valorização do trabalho e na livre iniciativa e deverá ter por fim assegurar a todos existência digna, conforme os ditames da justiça social, observados determinados princípios. É Constituição diretiva. Mais do que simples instrumento de governo, a nossa Constituição enuncia diretrizes, programas e fins a serem realizados pelo Estado e pela sociedade. (Brasil, 2006c)

---

1 Respectivamente: Título IV (arts. 115 a 143); arts. 135 a 155; Título V (arts. 145 a 162) e Título III (arts. 157 a 166) (Brasil, 1934; 1937; 1946; 1967).

2 Como explica Eros Grau: "Embora a Constituição de 1824 e a Constituição da República de 1891 dispusessem, qual as demais Constituições liberais, sobre aspectos concernentes à ordem econômica (direito de propriedade, liberdade de indústria e comércio, liberdade de profissão, liberdade contratual etc.), a sistematização desses temas em um capítulo do texto constitucional ocorrerá apenas na Constituição de 1934, sob inspiração das experiências constitucionais mexicana, em 1917, e alemã, em 1919. Desde 1934 todas as Constituições brasileiras conterão um capítulo atinente à Ordem Econômica e Social, a partir de 1988 dividido em distintas seções, 'Ordem Econômica' e 'Ordem Social'. O art. 170 da CB atualiza os preceitos veiculados nesses capítulos" (Grau, 2018a, p. 1878).

Ao assegurar a propriedade privada (especialmente a dos bens de produção), a liberdade econômica dos agentes privados (livre iniciativa e liberdade de concorrência) e a apropriação privada do excedente (lucro) resultante do sistema produtivo[3] como vetores da atividade econômica no país, o art. 170[4] da CB abraça o que, geralmente, se designa como modelo capitalista, definindo, assim, o modelo econômico brasileiro.

No entanto, a Constituição do Brasil de 1988 conforma, em seu *caput*, os valores do liberalismo à realização da justiça social, como é próprio do Estado social democrático de direito, anunciado no art. 1º[5] do mesmo texto. De fato, o constitucionalismo contemporâneo protege a liberdade de mercado ao mesmo tempo em que atribui ao Estado o papel de agente que atua, direta e indiretamente, na economia e no chamado "mercado", com a missão de assegurar o desenvolvimento econômico e a concretização do interesse público. O STF se pronunciou sobre essa questão na Arguição de Descumprimento de Preceito Fundamental (ADPF) n. 449, da seguinte forma:

> O constitucionalismo moderno se fundamenta na necessidade de restrição do poder estatal sobre o funcionamento da economia de mercado, sobrepondo-se o *Rule of Law* às iniciativas autoritárias destinadas a concentrar privilégios, impor o monopólio de meios de produção ou estabelecer salários, preços e padrões arbitrários de qualidade, por gerarem ambiente hostil à competição, à inovação, ao progresso e à distribuição de riquezas. (Brasil, 2019b)

A regra de outro do liberalismo é a liberdade para a iniciativa privada, igualmente sob risco privado. Nesse sentido: "Qualquer restrição a esta há de decorrer da própria Constituição ou de leis editadas com fundamento nela" (Bastos, 1990, p. 17), nos termos dos preceitos orientadores da atuação do Estado sobre a economia.

---

3 Vetando o aumento arbitrário dos lucros (art. 173, § 4º, da CB).

4 "Art. 170. A ordem econômica, fundada na valorização do trabalho humano e na livre iniciativa, tem por fim assegurar a todos existência digna, conforme os ditames da justiça social, observados os seguintes princípios: I – soberania nacional; II – propriedade privada; III – função social da propriedade; IV – livre concorrência; V – defesa do consumidor; VI – defesa do meio ambiente, inclusive mediante tratamento diferenciado conforme o impacto ambiental dos produtos e serviços e de seus processos de elaboração e prestação; VII – redução das desigualdades regionais e sociais; VIII – busca do pleno emprego; IX – tratamento favorecido para as empresas de pequeno porte constituídas sob as leis brasileiras e que tenham sua sede e administração no País. Parágrafo único. É assegurado a todos o livre exercício de qualquer atividade econômica, independentemente de autorização de órgãos públicos, salvo nos casos previstos em lei" (Brasil, 1988a).

5 "Art. 1º A República Federativa do Brasil, formada pela união indissolúvel dos Estados e Municípios e do Distrito Federal, constitui-se em Estado Democrático de Direito e tem como fundamentos: I – a soberania; II – a cidadania; III – a dignidade da pessoa humana; IV – os valores sociais do trabalho e da livre iniciativa; V – o pluralismo político" (Brasil, 1988a).

O art. 170 da Constituição brasileira (CB) indica, ainda, os fundamentos, os objetivos e os princípios que norteiam a Constituição Econômica de 1988. Trata-se de um conjunto normativo que demanda a adoção de planejamento, políticas econômicas e políticas públicas para a consecução dos valores ali consagrados, configurando uma Constituição dirigente (Canotilho, 2003, p. 183) e, mais do que isso, um modelo para o desenvolvimento do país.

Há dois grandes movimentos mundiais que influenciaram a Constituição de 1988 e ajudam a compreender suas engrenagens mais íntimas. Um desses movimentos é de cunho econômico e pode ser compreendido por meio dos diversos estudos feitos pela Comissão Econômica para a América Latina e o Caribe (Cepal). O outro é de cunho democrático e teve origem na nova função de garantia da democracia desempenhada pelo Tribunal Constitucional Federal alemão, devidamente equipado para enfrentar desafios e concretizar as constituições democráticas, tornando-se exatamente símbolo de uma democracia avançada (cf. Daly, 2017).

É assim que a Constituição de 1988 estabeleceu um desenho muito próprio de desenvolvimento, acoplando o livre mercado privado, de um lado, a uma forte atuação de planejamento do futuro (pelo único agente capaz de fazê-lo, o Estado) e, de outro, a uma distribuição dos bens econômicos de maneira ampla na sociedade, e não apenas para o restrito círculo dos titulares do grande capital. Isso apenas se alcançará por meio de uma transformação estrutural da sociedade brasileira. Volumosos recursos são necessários para promover essa transformação. Sinteticamente falando, a fonte financeira foi contemplada constitucionalmente pela atribuição dos bens naturais de valor econômico à titularidade da União, que é – ou deveria ser – a própria sociedade brasileira.

Essa é toda uma engenharia constitucional inovadora, que se inspirou fortemente, como mencionamos, nos estudos elaborados pela Cepal, com forte influência de um dos maiores economistas mundiais, o brasileiro Celso Furtado (1992; 2007), que tão bem cuidou de estabelecer marcos econômicos conceituais para os problemas de uma economia periférica como a brasileira.

Em aplicação prática desse modelo, temos que a ação estatal será desconforme ao texto constitucional não apenas quando contrária às suas diretrizes, mas também quando não cuidar de lhes dar concreção, como afirma Celso Antônio Bandeira de Mello ao analisar a eficácia das normas constitucionais sobre justiça social (1982, p. 66)[6]. Isso porque, em um modelo no qual a preocupação central

6 Nas palavras do autor: "Uma norma jurídica é desobedecida quer quando se faz o que ela proíbe, quer quando não se faz o que ela determina. Sendo a *Constituição* um plexo de normas jurídicas – e normas de nível supremo – é inevitável concluir-se que há violação à *Constituição* tanto quanto se fez o que ela inadmite como quando se omite o que ela impõe. E se omissão houver ficará configurada uma inconstitucionalidade" (Mello, 1982, p. 66, grifo do original).

é promover o desenvolvimento pleno da sociedade, é inadmissível continuar a tratar, com descaso ou como meramente decorativo, todo o conjunto normativo da Constituição sobre justiça social e sobre dignidade da pessoa humana.

Em outro giro, sob a influência daquele segundo movimento convergente em 1988, a novel Constituição fortaleceu, não por acaso, a própria Suprema Corte brasileira. Esta, desde 1965, com a Emenda Constitucional n. 16, de 26 de novembro de 1965 (Brasil, 1965), já havia recebido a função de Tribunal Constitucional, concomitantemente à de tribunal recursal. Mas foi apenas em 1988 que lhe foram fornecidos instrumentos robustos e estruturas propícias ao seu florescimento nacional, com forte impacto para a sociedade. Daí porque, nesta obra, se adota a perspectiva do STF para a Constituição Econômica, fazendo acompanhar este estudo, ainda, de uma análise das funções desempenhadas por cada uma das decisões constitucionais do STF (cf. Tavares, 2005).

Nesse específico ponto, vale recordar a advertência do juiz Jackson sobre a Corte Suprema dos EUA, plenamente aplicável à realidade brasileira pós-1988: "na história atual esta instituição tem influenciado profundamente, para melhor ou pior, o curso da nação" (Jackson, 1955, p. 22, tradução nossa). Trata-se de percepção que se tornou já senso comum, tendo o STF abandonado o seu tradicional anonimato perante a sociedade brasileira.

É esse o contexto, jurídico e histórico, no qual se posiciona a presente obra e as análises que se seguem. Assim, e para iniciar esta forma de estudo, principiamos com a ADPF n. 46 (Brasil, 2010c), na qual o STF entendeu que, muito embora fundada sob o preceito da liberdade de iniciativa, a Constituição Econômica de 1988 alberga o sentido de que a prestação do serviço de correio está sob reserva do Poder Público, conquanto não indicado no art. 177[7] da CB.

Proposta pela Associação Brasileira das Empresas de Distribuição (Abraed), a ação tinha por objetivo o reconhecimento da não recepção da Lei Federal n. 6.538, de 22 de junho de 1978, que regula os serviços postais e estabelece o monopólio da Empresa Brasileira de Correios e Telégrafos – ECT sobre o serviço de entrega de correspondências no território brasileiro (Brasil, 1978).

---

7 "Art. 177. Constituem monopólio da União: I – a pesquisa e a lavra das jazidas de petróleo e gás natural e outros hidrocarbonetos fluidos; II – a refinação do petróleo nacional ou estrangeiro; III – a importação e exportação dos produtos e derivados básicos resultantes das atividades previstas nos incisos anteriores; IV – o transporte marítimo do petróleo bruto de origem nacional ou de derivados básicos de petróleo produzidos no País, bem assim o transporte, por meio de conduto, de petróleo bruto, seus derivados e gás natural de qualquer origem; V – a pesquisa, a lavra, o enriquecimento, o reprocessamento, a industrialização e o comércio de minérios e minerais nucleares e seus derivados. V – a pesquisa, a lavra, o enriquecimento, o reprocessamento, a industrialização e o comércio de minérios e minerais nucleares e seus derivados, com exceção dos radioisótopos cuja produção, comercialização e utilização poderão ser autorizadas sob regime de permissão, conforme as alíneas b e c do inciso XXIII do caput do art. 21 desta Constituição Federal" (Brasil, 1988a).

Sustentou-se que, de acordo com a nova ordem constitucional, só poderia haver monopólio sobre as atividades taxativamente referidas no art. 177 da CB, que não inclui os serviços postais. Daí porque a norma violaria os princípios fundamentais da livre iniciativa, da livre concorrência e do livre exercício de qualquer atividade profissional, tese que foi acolhida pelo relator original da ação, Ministro Marco Aurélio, que votou pela não recepção da norma pela CB por entender que as razões de naturezas histórica e geográfica que motivaram a instituição do monopólio dos correios não mais se justificavam. É o que se observa em seu voto:

> O serviço postal, durante muito tempo, foi executado pela União – e não somente mantido – porque simplesmente não havia no País empresas com capacidade operacional e técnica suficientes para poder desenvolver, com presteza e agilidade, a entrega de correspondências por todo o território nacional. [...] As precárias condições vigentes à época não admitiam o ingresso de empresas privadas. Todavia, a partir da década de 80, surge no Brasil a tendência de o Estado se retirar da prestação direta de atividades econômicas, ora devido ao fato de que isso impunha uma descarada desigualdade em comparação com as empresas privadas, ora porque a submissão ao regime de direito público simplesmente não se coaduna com o dinamismo e a necessidade de inovação tecnológica que se fazem presentes na atividade empresarial, ora porque essa modalidade de intervenção já não mais se faz necessária.(Brasil, 2010c)

Com base na divergência aberta pelo Ministro Eros Grau, contudo, a Corte concluiu que o serviço postal é serviço público, e não atividade econômica em sentido estrito, o que exclui a sua submissão obrigatória aos princípios econômicos da livre iniciativa e da livre concorrência, justificando o regime jurídico diferenciado previsto na Lei Federal n. 6.538/1978, que atribui à União exclusividade para sua prestação. Daí porque "para que empresa privada pudesse ser admitida à prestação do serviço postal, que é serviço público, seria necessário que a Constituição dissesse que o serviço postal é livre à iniciativa privada, tal qual o fazem os artigos 199 e 209 em relação à saúde e à educação" (Brasil, 2010c).

A decisão pautou-se na compreensão de que o constituinte de 1988 impôs uma concepção de Estado fundada na presença estatal na economia em prol da realização do interesse público, como foi defendido no voto do Ministro Eros Grau, acolhido pela maioria da Corte. Vejamos:

> A sociedade civil não é capaz de solucionar esses conflitos. Não basta, portanto, a atuação meramente subsidiária do Estado. No Brasil, hoje, aqui e agora – vigente uma Constituição que diz quais são os fundamentos do Brasil e, no artigo 3º, define os objetivos do Brasil (porque quando o artigo 3º fala da República

Federativa do Brasil, está dizendo que ao Brasil incumbe construir uma sociedade livre, justa e solidária) – vigentes os artigos 1º e 3º da Constituição, exige-se, muito ao contrário do que propõe o voto do Ministro relator, um Estado forte, vigoroso, capaz de assegurar a todos existência digna. A proposta de substituição do Estado pela sociedade civil, vale dizer, pelo mercado, é incompatível com a Constituição do Brasil e certamente não nos conduzirá a um bom destino. (Brasil, 2010c)

Acompanhando o relator, a Ministra Ellen Gracie acrescentou que a interpretação no sentido de que a prestação do serviço postal estaria sob o sistema de livre competitividade decorria de uma leitura reducionista da Constituição Econômica de 1988, que expressamente exclui essa atividade da esfera de atuação privada. Assim, segundo a ministra, os argumentos defendidos pela autora da demanda, "sob o disfarce de agressão aos princípios constitucionais da livre concorrência e da liberdade de iniciativa" só conduziriam a que lhe fosse atribuída "a parcela menos penosa e mais rentável do mercado de entregas de correspondência" (Brasil, 2010c), contrariando, portanto, o sentido do texto constitucional[8].

Já o Ministro Carlos Britto, embora concordando com a divergência aberta pelo Ministro Eros Grau relativa à caracterização de serviço público do serviço postal, acrescentou que a Constituição sequer autorizava sua delegação, por se tratar de "atividade insusceptível de exercício privado" (Brasil, 2010c). Entendeu, contudo, que a exclusividade do Poder Público estaria restrita às correspondências privadas e telegráficas, protegidas que estão pela inviolabilidade a que se refere o art. 5º, X[9], da CB. Dessa maneira, "aquilo que tiver caráter rigorosamente mercantil, comercia" ficaria excluído da reserva pública, que não engloba a correspondência comercial e a entrega de encomendas (Brasil, 2010c).

---

8 Em seu voto, a Ministra Ellen Gracie ainda destacou que, como já havia se manifestado na ADI n. 3.080, de que foi relatora, entende que o serviço postal é serviço público, estando submetido a um regime de privilégio, diferente do regime a que estão sujeitas em geral as atividades econômicas em sentido estrito: "E, por não se tratar de atividade econômica em sentido estrito – vale dizer, aquela em que o Estado, se atuar, em tudo deverá atender às regras da atividade privada – é que deixa de ser incluído no rol das exceções a esta categoria de atividade, a saber, o rol dos monopólios constante do artigo 177 da Constituição Federal, pois este diz respeito, exclusivamente, às atividades que tenham cunho econômico. Não se trata, no caso, de **exploração** de atividade econômica pura e simples, mas, como o próprio nome o diz, de prestação de **serviço público**. Serviço postal. Serviço que o constituinte confiou à União para que o mantivesse. E serviço que ela tem o dever de prestar em todo o território nacional. E que exercita por delegação legal a uma empresa pública expressamente constituída para tal finalidade" (Brasil, 2010c, grifo do original).

9 "Art. 5º Todos são iguais perante a lei, sem distinção de qualquer natureza, garantindo-se aos brasileiros e aos estrangeiros residentes no País a inviolabilidade do direito à vida, à liberdade, à igualdade, à segurança e à propriedade, nos termos seguintes: [...] X – são invioláveis a intimidade, a vida privada, a honra e a imagem das pessoas, assegurado o direito a indenização pelo dano material ou moral decorrente de sua violação; [...]" (Brasil, 1988a).

Esse entendimento foi acolhido pela maioria da Corte, que julgou a ação improcedente, nos termos do voto do Ministro Eros Grau, com as considerações do Ministro Carlos Britto, conferindo interpretação conforme a Constituição ao art. 42[10] da Lei Federal n. 6.538/1978, que prescreve sanções à violação do privilégio postal da União, para restringir sua incidência às atividades que envolvam comunicação privada, descritas no art. 9º[11] da mesma lei.

Dessa decisão é possível fixar as premissas para a compreensão do conceito de Constituição Econômica segundo o STF, no sentido de que suas normas regulam a atuação do Estado na economia, autorizando a presença estatal como forma de tutelar o interesse público[12], o que se depreende de uma interpretação do art. 170 da CB alinhada aos demais preceitos fundamentais da estrutura do Estado brasileiro, como os arts. 1º a 3º e, nesse caso, também com o art. 21, X, que impõe à União a manutenção dos serviços postais, nisso não incluídas as correspondências de cunho comercial, como entendeu a Corte.

Ademais, no julgamento, em 1993, da Questão de Ordem na ADI n. 319 (Brasil, 1993), o STF entendeu que, do sentido da Constituição Econômica de 1988, se depreende que o Estado está autorizado a regular, mediante lei, a política de preços de bens e serviços para conter o aumento arbitrário dos lucros, de forma a realizar e compatibiliza os fundamentos da livre iniciativa com os objetivos da justiça social.

Proposta pela Confederação Nacional dos Estabelecimentos de Ensino (Confenen), em junho de 1990, a ação tinha por objetivo obter a declaração de inconstitucionalidade da Lei Federal n. 8.039, de 30 de maio de 1990[13], que dispunha sobre critérios de reajuste de mensalidades a serem adotados por todos os estabelecimentos privados de ensino no país (Brasil, 1990a). O principal argumento da autora foi o de que o congelamento ou o tabelamento dos preços das mensalidades escolares constituía indevida interferência do Poder Público na livre iniciativa das entidades privadas de ensino, podendo, inclusive, levá-las à insolvência.

---

10 "Violação do privilégio postal da união. Art. 42 – Coletar, transportar, transmitir ou distribuir, sem observância das condições legais, objetos de qualquer natureza sujeitos ao monopólio da União, ainda que pagas as tarifas postais ou de telegramas. Pena: detenção, até dois meses, ou pagamento não excedente a dez dias-multa" (Brasil, 1978).

11 "Art. 9º – São exploradas pela União, em regime de monopólio, as seguintes atividades postais: I – recebimento, transporte e entrega, no território nacional, e a expedição, para o exterior, de carta e cartão-postal; II – recebimento, transporte e entrega, no território nacional, e a expedição, para o exterior, de correspondência agrupada: III – fabricação, emissão de selos e de outras fórmulas de franqueamento postal" (Brasil, 1978).

12 Embora essa presença estatal se justifique, ainda, como meio para se promover o desenvolvimento em uma economia periférica.

13 A norma foi revogada em 1991 pela Lei Federal n. 8.170, de 17 de janeiro de 1991, igualmente revogada, em 1999, pela Lei Federal n. 9.870, de 23 de novembro de 1999, que veicula a atual disciplina da matéria, mantendo a política de intervenção estatal sobre o reajuste das anuidades escolares em estabelecimentos privados, diante do interesse público que a temática envolve.

Em seu voto, o Ministro Moreira Alves, relator da demanda, salientou que, apesar de a Constituição do Brasil de 1988 ter alçado a livre iniciativa a fundamento da Ordem Econômica brasileira, diferentemente da Carta anterior, que lhe conferia caráter de princípio, não a consagrou de forma absoluta, mas como meio para concretizar a justiça social e da dignidade da pessoa humana, como se conclui do seguinte excerto de seu voto:

> Embora a atual Constituição tenha, em face da Constituição de 1967 e da Emenda Constitucional nº 1/69, dado maior ênfase à livre iniciativa, uma vez que, ao invés de considerá-la como estas (arts. 157, I, e 160, I, respectivamente) um dos princípios gerais da ordem econômica, passou a tê-la com um dos fundamentos dessa mesma ordem econômica, e colocou expressamente entre aqueles princípios o da **livre concorrência** que a ela está estreitamente ligado, não é menos certo que tenha dado maior ênfase às suas limitações em favor da justiça social, tanto assim que, o artigo 1º, ao declarar que a República Federativa do Brasil se constitui em Estado Democrático de Direito, coloca entre os fundamentos desde, no inciso IV, não a livre iniciativa da economia liberal clássica, mas os **valores sociais da livre iniciativa**; ademais, entre os novos princípios que estabelece para serem observados pela ordem econômica, coloca o da **defesa do consumidor** (que ainda tem como direito fundamental, no artigo 5º, inciso XXXII) e o da **redução das desigualdades sociais.** (Brasil, 1993, grifo no original)

Daí se depreende a razão pela qual a Corte, por maioria, entendeu que a realização dos preceitos da Constituição Econômica de 1988, nesse caso concreto, demanda a conjugação da livre iniciativa e da livre concorrência com "os da defesa do consumidor e da redução das desigualdades sociais, em conformidade com ditames da justiça social" (Brasil, 1993), de cuja equação resulta a possibilidade da legítima intervenção do Estado na economia para instituir parâmetros ao reajuste das mensalidades escolares, limitando "o poder econômico que visa ao aumento arbitrário dos lucros" (Brasil, 1993). Restringe-se, pois, validamente a livre iniciativa, que é posta na Constituição Econômica de 1988, como garantia instrumental à concretização da justiça social.

O Ministro Celso de Mello, acompanhando o relator, destacou ainda que "há, formalmente englobadas no instrumento constitucional promulgado em 1988, três (3) distintas Constituições – a **Constituição Política**, a **Constituição Econômica** e a **Constituição Social**" (Brasil, 1993, grifo do original). E que "no constitucionalismo brasileiro, a ideia social foi introduzida na Ordem Econômica nacional pela Constituição Federal de 1934", já se autorizando, desde então, a possibilidade de intervenção regulatória do Estado na economia, donde decorre a legitimidade do sistema de controle oficial de preços[14].

Assim, na qualidade de agente normativo e fiscalizador da atividade econômica, como estabelece o art. 174, *caput*, da CB, a fixação da política de preços se insere entre as competências conferidas ao Estado pela Constituição Econômica de 1988, por se tratar de mecanismo apto à simultânea realização dos preceitos e dos valores consagrados pela Ordem Econômica brasileira[15], combatendo-se, com tal medida, o possível aumento arbitrário de lucros.

Apesar da divergência aberta pelo Ministro Marco Aurélio[16] no sentido de que a liberdade de mercado inclui a estipulação autônoma de preços, o que é determinante para a prática da livre iniciativa tal como modulada pela Ordem Econômica em vigor, a ação foi julgada parcialmente procedente[17], reconhecendo-se válida a fixação da política de reajustes de preços implementada pela Lei Federal n. 8.039/1990, nos seguintes termos:

> Em face da atual Constituição, para conciliar o fundamento da livre iniciativa e do princípio da livre concorrência com os da defesa do consumidor e da redução das desigualdades sociais, em conformidade com os ditames da justiça social, pode o Estado, por via legislativa, regular a política de preços de bens e de serviços, abusivo que é o poder econômico que visa ao aumento arbitrário dos lucros. (Brasil, 1993)

Essa decisão se revela paradigmática por dois motivos. Primeiro, por reconhecer que as normas da Constituição Econômica de 1988 possibilitam ao Estado

---

14 Nas palavras do Ministro Celso de Mello: "A própria noção de intervenção regulatória ou indireta do Estado, cuja prática legitima o exercício do poder de controle oficial dos preços, constitui uma categoria jurídica a que não se tem revelado insensível o legislador constituinte brasileiro. Quaisquer que sejam as modalidades ditadas pelo sistema de controle oficial de preços ou qualquer que seja o momento em que esse sistema opere e se concretize (a priori ou a posteriori), as limitações que dele derivam, desde que fundadas na lei, incluem-se na esfera de abrangência constitucional do poder de intervenção regulatória do Estado" (Brasil, 1993).

15 No mesmo sentido, confira-se a decisão do STF no Agravo Regimental no Recurso Extraordinário n. 597.165: "A regulação estatal no domínio econômico, por isso mesmo, seja no plano normativo, seja no âmbito administrativo, traduz competência constitucionalmente assegurada ao Poder Público, cuja atuação – destinada a fazer prevalecer os vetores condicionantes da atividade econômica (CF, art. 170) – é justificada e ditada por razões de interesse público, especialmente aquelas que visam a preservar a segurança da coletividade" (Relator Ministro Celso de Mello, julgamento em 4 nov. 2014. Disponível em: <https://redir.stf.jus.br/paginadorpub/paginador.jsp?docTP=TP&docID=7432871>. Acesso em: 14 fev. 2022).

16 Para quem "no campo econômico prevalece como regra a liberdade de mercado, fator indispensável à preservação da livre iniciativa, repetida em vários dispositivos da Constituição, inclusive nos referentes ao ensino" (Brasil, 1993).

17 Apenas para declarar a inconstitucionalidade da expressão "março", constante do parágrafo 5º do art. 2º da então vigente Lei Federal n. 8.039/1990, bem como de qualquer interpretação dos arts. 2º, *caput*, e parágrafos 2º e 4º da mesma lei, capaz de desrespeitar o direito adquirido, o ato jurídico perfeito e a coisa julgada.

controlar, em determinadas circunstâncias, a fixação de um elemento típico do capitalismo, qual seja, a liberdade de precificar os produtos e serviços oferecidos no mercado. E isso ocorreu como forma de coibir o abuso do poder econômico por meio do aumento arbitrário dos lucros[18]. Em segundo lugar, é relevante essa decisão também por reconhecer que o Brasil adotou um modelo econômico que, sendo capitalista, é igualmente pautado na justiça social, por imposição constitucional expressa e não por mero posicionamento subjetivo ou ideológico. Determina-se, com isso, a compreensão do próprio significado de Constituição Econômica em vigor, cujas normas se destinam a orientar a atuação direta ou indireta do Poder Público sobre as atividades econômicas como forma de garantir a compatibilização de todos os valores consagrados na Ordem Econômica.

Nos próximos capítulos, serão examinados os fundamentos e os princípios da Constituição Econômica de 1988, conforme a interpretação conferida pelo STF, buscando compreender seu significado e alcance segundo a jurisprudência da Corte. Adicionalmente, essa jurisprudência, assim fixada, será objeto de análise crítica quanto ao mérito dessas decisões. Por fim, as decisões serão categorizadas em termos do tipo de função que, por meio delas, o STF está desenvolvendo no cenário institucional brasileiro.

18 Em seu voto no HC n. 30.355, julgado pelo STF sob a égide da Constituição de 1946, o Ministro Orosimbo Nonato já reconhecia o dever-poder de atuação estatal para coibir o aumento arbitrário de lucros, nos seguintes termos: "Se a Constituição manda que se reprima qualquer lucro ilícito, imodesto, exagerado, naturalmente não se pode compreender que, em seu mecanismo, um dos seus dispositivos torne inútil e ineficaz a proibição. Se não é possível o lucro inidôneo e se essa proibição consta da lei constitucional, em letra expressa e categórica, é preciso que todas as leis obedeçam, em sua estrutura, ao princípio capital da lei constitucional, a termos de possibilitar-se a repressão. E assim não pode a vedação das delegações impedir a repressão constitucional do lucro excessivo" (Relator Ministro Castro Nunes, julgamento em 21 jul. 1948. Disponível em: <https://redir.stf.jus.br/paginadorpub/paginador.jsp?docTP=AC&docID=586505>. Acesso em: 14 fev. 2022).

Capítulo 2

Fundamentos e objetivos da Ordem Econômica brasileira sob a racionalidade do Supremo Tribunal Federal

O constituinte de 1988 fez questão de dedicar dispositivo próprio aos princípios (expressos) da atividade econômica, também enunciando, no *caput* do art. 170, os fundamentos da Ordem Econômica brasileira e seus objetivos, estabelecendo, assim, uma distinção, embora a doutrina se divida quanto à utilidade e critério dessa diferenciação[1].

De acordo com esse dispositivo constitucional, são **fundamentos** da Ordem Econômica brasileira a valorização do trabalho humano e a livre iniciativa. Trata-se, pois, dos pilares sobre os quais se constrói e legitima toda a atuação do Estado na economia, bem como devem servir à ação legítima do mercado privado.

Isso porque os fundamentos devem ser compreendidos como as premissas, as bases orientadoras da Constituição Econômica, que dirigem a atividade estatal sobre o domínio econômico, determinando os critérios a serem observados na construção das políticas públicas e legislativas voltadas à sua regulação, como explica Washington Peluso Albino de Souza (1989, p. 31):

> Tomando-o, embora superficialmente, pelo sentido aristotélico, temos o *fundamento* com "causa no sentido de razão de ser", na explicação e justificação racional da coisa da qual é causa. Nascido no iluminismo alemão do século XVIII, "na linguagem comum e menos filosófica, é o fundamento que apresenta a razão de uma preferência, de uma escolha, da realização de uma alterativa antes que outra".

A valorização do trabalho humano e a livre iniciativa são, nesses termos, valores fundamentais condicionantes da definição dos meios a serem utilizados pelo Estado brasileiro para que os objetivos da Ordem Econômica sejam alcançados.

Os fundamentos consistem na "'causa' da Ordem Econômica instituída no texto constitucional" (Souza, 1989, p. 31), em outras palavras, nas bases sobre as quais estão sedimentadas as normas disciplinadoras da atuação do Estado e de toda a sociedade na economia.

Em realidade, conformam a estrutura mais íntima da Constituição Econômica brasileira, os próprios fundamentos e objetivos[2] da República Federativa

1 Vide, nesse sentido, Celso Ribeiro Bastos (1990, p. 12-13) e André Ramos Tavares (2011).

2 Além desses, Eros Grau (2017, p. 189) também inclui, fundamentalmente, os preceitos constantes dos arts. 7º a 11, 201, 202, 218 e 219 da Constituição brasileira (CB) como igualmente norteadores da ordem econômica brasileira.

do Brasil enunciados nos arts. 1º[3] e 3º[4] do texto constitucional de 1988, porque determinantes da aferição do sentido e da própria concretização dos princípios da Ordem Econômica, o que está reafirmado pelo Superior Tribunal Federal, conforme a decisão proferida na Ação Direta de Inconstitucionalidade (ADI) n. 1.950:

> É certo que a ordem econômica na Constituição de 1988 define opção por um sistema no qual joga um papel primordial a livre iniciativa. Essa circunstância não legitima, no entanto, a assertiva de que o Estado só intervirá na economia em situações excepcionais. Mais do que simples instrumento de governo, a nossa Constituição enuncia diretrizes, programas e fins a serem realizados pelo Estado e pela sociedade. Postula um plano de ação global normativo para o Estado e para a sociedade, informado pelos preceitos veiculados pelos seus artigos 1º, 3º e 170. (Brasil, 2006c)

A valorização do trabalho humano e a livre iniciativa são fundamentos que servem às escolhas estatais na disciplina jurídica da economia. Os valores sociais do trabalho e a valorização do trabalho humano se tornaram, como bem adverte Zagrebelsky, um "princípio de inclusão" (2013, p. 15, tradução nossa), no sentido de que "o reconhecimento do trabalho como fundamento da *res publica*, [...] significa o cumprimento de um processo histórico de inclusão na plena cidadania" (Zagrebelsky, 2013, p. 17, tradução nossa).

A inclusão plena revela uma faceta muito própria da Constituição de 1988, que é a de implantar um Estado voltado ao desenvolvimento pleno do ser humano, não apenas ao crescimento ou ao critério econométrico. Por isso se fala de um Estado desenvolvimentista.

A livre iniciativa privada na economia é fundamento da República e, também, fundamento específico da Ordem Econômica. Essa livre iniciativa privada não exclui a iniciativa pública nas situações constitucionalmente mencionadas (relevante interesse coletivo e imperativo de segurança nacional) e a iniciativa cooperativa.

---

3 "Art. 1º A República Federativa do Brasil, formada pela união indissolúvel dos Estados e Municípios e do Distrito Federal, constitui-se em Estado Democrático de Direito e tem como fundamentos: I – a soberania; II – a cidadania; III – a dignidade da pessoa humana; IV – os valores sociais do trabalho e da livre iniciativa; V – o pluralismo político. [...] Art. 3º Constituem objetivos fundamentais da República Federativa do Brasil: I – construir uma sociedade livre, justa e solidária; II – garantir o desenvolvimento nacional; III – erradicar a pobreza e a marginalização e reduzir as desigualdades sociais e regionais; IV – promover o bem de todos, sem preconceitos de origem, raça, sexo, cor, idade e quaisquer outras formas de discriminação" (Brasil, 1988a).

4 A respeito da incidência do princípio da solidariedade, enunciado no art. 3º, I, da CB, sobre as diretrizes que regem a atividade econômica, vide: ADI n. 1.003-MC, Relator Ministro Celso de Mello, julgamento em 1º ago. 1994. Disponível em: <https://redir.stf.jus.br/paginadorpub/paginador.jsp?docTP=AC&docID=346747>. Acesso em: 15 fev. 2022.

Todos os referidos fundamentos ligam-se, ainda, aos objetivos precípuos da Ordem Econômica instituída em 1988, que são os de assegurar a todos a existência digna, conforme os ditames da justiça social, tendo seus princípios norteadores expressos nos incisos I a IX do art. 170 da Constituição brasileira (CB) como ponto de partida para a sua realização.

A concretização da justiça social e a garantia de existência digna a todos constituem, desse modo, os **objetivos** da Ordem Econômica brasileira, como estabelece o *caput* do citado art. 170. Isso quer dizer que toda a atuação do Estado na economia deve estar voltada à concretização dessas específicas finalidades, sem o que não se legitima.

A referida livre iniciativa privada alinha-se, como se sabe, à propriedade privada dos bens de produção, à liberdade de formulação dos preços, ao empreendedorismo (com responsabilidade privada integral pelo risco do negócio assumido). Em outras palavras, a um modelo de ação muito típico do capitalismo, mas que deve operar dentro do quadro de nossa Constituição Econômica, como, *v.g.*, os referidos fundamentos, outros princípios, como a função social da empresa, ou regras constitucionais pontuais, como a vedação ao aumento arbitrário dos lucros etc.

A compreensão da força normativa dos fundamentos e dos objetivos da Constituição Econômica de 1988 conduz, assim, à identificação da inconstitucionalidade de toda e qualquer norma ou conduta contrária a tais vetores basilares da atuação estatal na economia, como explica Eros Grau:

> A perfeita compreensão dessa obviedade é essencial, na medida em que informará a plena compreensão de que qualquer prática econômica (mundo do ser) incompatível com a valoração do trabalho humano e com a livre iniciava, ou que conflite com a existência digna de todos, conforme os ditames da justiça social, será adversa à ordem constitucional. Será, pois, *institucionalmente inconstitucional*. Desde a compreensão desse aspecto poderão ser construídos novos padrões não somente de controle de constitucionalidade, mas, em especial, novos e mais sólidos espaços de constitucionalidade. A amplitude dos preceitos constitucionais abrange não apenas normas jurídicas, mas também condutas. (Grau, 2017, p. 191, grifo do original)

Esse entendimento reforça a importância de o Supremo Tribunal Federal (STF) qualificar a normatividade constitucional como globalmente imperativa, sem subterfúgios e sem práticas sorrateiras de inversão da supremacia constitucional. Trata-se de reafirmar uma espécie de função de enunciação, porque, no Brasil, ainda se faz necessário reafirmar a imperatividade integral da Constituição, mesmo que a norma seja vocalizada de maneira principiológica (Tavares, 2005, p. 230).

Neste capítulo, serão analisadas decisões do STF envolvendo a interpretação do conteúdo e do alcance dos fundamentos e objetivos da Ordem Econômica brasileira, seja para invalidar ações estatais e medidas legislativas dissociadas da realização desses valores, seja legitimando as que estão voltadas à sua concretização, seja, ainda, por meio de sua função interpretativa e dentro da concepção de um constitucionalismo que se irradia para todo o ordenamento jurídico (constitucionalização do direito), emprestando a melhor interpretação, conforme a Constituição, para manter a validade e a aplicabilidade de determinados atos normativos abertos a leituras incompatíveis com esse modelo de Estado social e de desenvolvimento da Constituição de 1988.

2.1 A valorização do trabalho humano por meio da proteção da saúde do trabalhador: restrições à exploração da atividade econômica do amianto

Como visto, a valorização do trabalho humano é um dos pilares fundamentais da Constituição Econômica brasileira, conforme o *caput* do art. 170 da Constituição do Brasil:

> Art. 170. A ordem econômica, fundada na valorização do trabalho humano e na livre iniciativa, tem por fim assegurar a todos existência digna, conforme os ditames da justiça social, observados os seguintes princípios: [...]. (Brasil, 1988a)

Como fundamento da Ordem Econômica, a norma orienta a razão de uma preferência (Souza, 1989, p. 31), impondo ao Estado a escolha das alternativas políticas e legislativas que melhor enalteçam o trabalho humano, de modo a conferir aos trabalhadores tratamento peculiar (Grau, 2018a, p. 1883).

Isso significa que a ordenação da economia pelo Estado brasileiro deve ter, como premissa, a dignificação do trabalho humano por meio da proteção ao trabalhador, o que legitima limitações estatais às atividades econômicas destinadas a esse "valor" civilizatório, que não pode ser ignorado ou preterido na geração de riqueza.

A norma em questão intuitivamente nos remete ao art. 1º, IV[5], do mesmo texto constitucional de 1988, que consagra os valores sociais do trabalho entre os fundamentos da República Federativa do Brasil. Com isso, como já vimos, temos um elemento expresso de "inclusão na plena cidadania" (Zagrebelsky, 2013, p. 17, tradução nossa). Mais ainda, o trabalho torna-se manifestação da própria condição humana, como explica Celso Bastos (1990, p. 15). E a concretização desse fundamento de nossa República depende essencialmente de políticas econômicas, assim como de posturas cotidianas (não episódicas, eventuais ou provocadas) das três esferas de poder estatal.

Trata-se, inequivocamente, de um "valor" essencial à estrutura do Estado brasileiro como um todo. O Estado deve conduzir suas atividades política, judicial e legislativa com vistas à promoção social do trabalhador porque compreende "a dignidade da vida humana baseada no trabalho" (Souza, 1989, p. 31).

Como defende Tavares (2022, p. 469), o Brasil

> ainda não superou seu passado de país desigual e excludente, não estando atendidos os objetivos da promulgação da Constituição do Brasil de implantar um Estado social desenvolvimentista, com decréscimo dos níveis de desigualdade social e, bem por isso, com capacidade transformadora e contrafática.

Portanto, é missão primária (e permanente) de todos os poderes constituídos atuar diuturnamente a fim de reverter esse quadro de miséria social, de atraso e de uma cultura "contracapitalista", que ainda desvaloriza o trabalho do ser humano em nome do enriquecimento exploratório ou abusivo, contrário às normas e aos valores básicos civilizatórios. Sobretudo em uma economia periférica, parte do capital (inclusive o grande poder econômico) pode pretender se beneficiar clandestinamente da tragédia social, especialmente em momentos de crise econômica mais acentuada.

A valorização do trabalho humano orienta a Ordem Econômica brasileira desde a Constituição de 1946, cujo art. 145 determinava que a regulação da economia pelo Estado deveria conciliar a liberdade de iniciativa com a sua tutela, nos seguintes termos: "A ordem econômica deve ser organizada conforme os princípios da justiça social, conciliando a liberdade de iniciativa com a valorização do trabalho humano" (Brasil, 1946, art. 145)[6].

Já na Constituição do Brasil de 1967, a valorização do trabalho humano fora alçada a princípio norteador da Ordem Econômica "como condição da dignidade

---

5 "Art. 1º A República Federativa do Brasil, formada pela união indissolúvel dos Estados e Municípios e do Distrito Federal, constitui-se em Estado Democrático de Direito e tem como fundamentos: [...] IV – os valores sociais do trabalho e da livre iniciativa; [...]" (Brasil, 1988a).

6 Sobre o tema, cf. Eros Grau (2018a, p. 1877-1878).

humana", nos termos de seu art. 157, II[7], regra mantida no art. 160, II[8], da Constituição de 1969.

A escolha do constituinte de 1988 em posicionar a valorização do trabalho humano como **fundamento** da Ordem Econômica brasileira, conjuntamente com a livre iniciativa, é indicativo de que essa liberdade e, por maior razão, todo exercício das atividades econômicas, em geral, devem ser pautados pelo Estado, na defesa daquele valor fundamental.

A valorização do trabalho humano exige o combate firme e rigoroso ao trabalho em situação análoga à escravidão[9]. Trata-se, como sabemos, de trabalho forçado, que jamais poderia ser admitido como base legítima da atividade econômica no capitalismo. Aliás, a CB ainda é expressa em vedar qualquer pena de trabalhos forçados (art. 5º, XLVII, "d"). Trabalho forçado ou em situação análoga à escravidão representam a violação mais direta e inequívoca da valorização do trabalho humano, posto que reduzem o indivíduo a objeto.

A força irradiante da valorização do trabalho humano sobre a regulação das atividades econômicas pelo Estado na Constituição Econômica de 1988 já fora reconhecida pelo STF em algumas oportunidades, exatamente para legitimar a limitação da liberdade de iniciativa, em prestígio dessa base jurídica relevante, consubstanciada, na prática, como proteção do trabalhador.

A questão da exploração econômica do amianto, substância altamente cancerígena, ilustra bem o alcance desse tema. Apenas no ano de 2017, a Corte julgou sete ações nas quais se questionava legislações estadual e municipal que proibiam a extração e o manuseio do amianto, em oposição à Lei Federal n. 9.055, de 1º de junho de 1995, que veicula norma geral sobre a exploração econômica desse minério, permitindo, em seu art. 2º, o uso, ainda que restrito, da variedade crisotila da substância, mediante condicionamentos específicos, como o previsto no art. 5º:

---

7 "Art. 157. A ordem econômica tem por fim realizar a justiça social, com base nos seguintes princípios: [...] II – valorização do trabalho como condição da dignidade humana; [...]" (Brasil, 1967).

8 "Art. 160. A ordem econômica e social tem por fim realizar o desenvolvimento nacional e a justiça social, com base nos seguintes princípios: [...] II – valorização do trabalho como condição da dignidade humana; [...]" (Brasil, 1969).

9 O Código Penal, em seu art. 149, com redação dada pela Lei n. 10.803, de 11 de dezembro de 2003, define como crime de redução a condição análoga de escravo as seguintes práticas: "Art. 149. Reduzir alguém a condição análoga à de escravo, *quer submetendo-o a trabalhos forçados ou a jornada exaustiva, quer sujeitando-o a condições degradantes de trabalho, quer restringindo, por qualquer meio, sua locomoção em razão de dívida contraída com o empregador ou preposto*: (Redação dada pela Lei nº 10.803, de 11.12.2003). Pena – reclusão, de dois a oito anos, e multa, além da pena correspondente à violência. (Redação dada pela Lei n. 10.803, de 11.12.2003) § 1º Nas mesmas penas incorre quem: (Incluído pela Lei nº 10.803, de 11.12.2003) I – cerceia o uso de qualquer meio de transporte por parte do trabalhador, com o fim de retê-lo no local de trabalho; (Incluído pela Lei nº 10.803, de 11.12.2003) II – mantém vigilância ostensiva no local de trabalho ou se apodera de documentos ou objetos pessoais do trabalhador, com o fim de retê-lo no local de trabalho. (Incluído pela Lei nº 10.803, de 11.12.2003)" (Brasil, 1940, grifo nosso).

Art. 2º O asbesto/amianto da variedade crisotila (asbesto branco), do grupo dos minerais das serpentinas, e as demais fibras, naturais e artificiais de qualquer origem, utilizadas para o mesmo fim, serão extraídas, industrializadas, utilizadas e comercializadas em consonância com as disposições desta Lei.

Parágrafo único. Para os efeitos desta Lei, consideram-se fibras naturais e artificiais as comprovadamente nocivas à saúde humana.

[...]

Art. 5º As empresas que manipularem ou utilizarem materiais contendo asbesto/amianto da variedade crisotila ou as fibras naturais e artificiais referidas no art. 2º desta Lei enviarão, anualmente, ao Sistema Único de Saúde e aos sindicatos representativos dos trabalhadores uma listagem dos seus empregados, com indicação de setor, função, cargo, data de nascimento, de admissão e de avaliação médica periódica, acompanhada do diagnóstico resultante.

Parágrafo único. Todos os trabalhadores das empresas que lidam com o asbesto/amianto da variedade crisotila e com as fibras naturais e artificiais referidas no art. 2º desta Lei serão registrados e acompanhados por serviços do Sistema Único de Saúde, devidamente qualificados para esse fim, sem prejuízo das ações de promoção, proteção e recuperação da saúde interna, de responsabilidade das empresas. (Brasil, 1995b)

Trata-se das ADIs n. 4.066[10], que questionava o próprio art. 2º da Lei Federal n. 9.055/1995; n. 3.937[11], que teve por objeto a Lei n. 12.684, de 26 de julho de 2007, do Estado de São Paulo; n. 3.356[12], proposta em face da Lei n. 12.589, de 26 de maio de 2004, do Estado de Pernambuco; n. 3.357[13], em face da Lei n. 11.643, de 21 de junho de 2001, do Estado do Rio Grande do Sul; n. 3.406 e n. 3.470[14], ambas em face da Lei n. 3.579, de 6 de junho de 2001, do Estado do Rio de Janeiro, além da Arguição de Descumprimento de Preceito Fundamental (ADPF) n. 109[15], em face da Lei n. 13.113, de 16 de março de 2001, e do Decreto n. 41.788, de 13 de março de 2002, ambos do Município de São Paulo.

---

10 Relatora Ministra Rosa Weber, julgamento em 24 ago. 2017. Disponível em: <https://redir.stf.jus.br/paginadorpub/paginador.jsp?docTP=TP&docID=14452232>. Acesso em: 17 fev. 2022.

11 Relator Ministro Marco Aurélio, julgamento em 24 ago. 2017. Disponível em: <https://redir.stf.jus.br/paginadorpub/paginador.jsp?docTP=TP&docID=749028439>. Acesso em: 17 fev. 2022.

12 Relator Ministro Eros Grau, julgamento em 30 nov. 2017. Disponível em: <https://redir.stf.jus.br/paginadorpub/paginador.jsp?docTP=TP&docID=749053935>. Acesso em: 17 fev. 2022.

13 Relator Ministro Ayres Britto, julgamento em 30 nov. 2017. Disponível em: <https://redir.stf.jus.br/paginadorpub/paginador.jsp?docTP=TP&docID=749040549>. Acesso em: 17 fev. 2022.

14 Relatora Ministra Rosa Weber, julgamento em 29 nov. 2017. Disponíveis em: <https://redir.stf.jus.br/paginadorpub/paginador.jsp?docTP=TP&docID=749020501>. Acesso em: 17 fev. 2022.

15 Relator Ministro Edson Fachin, julgamento em 30 nov. 2017. Disponível em: <https://redir.stf.jus.br/paginadorpub/paginador.jsp?docTP=TP&docID=749050355>. Acesso em: 17 fev. 2022.

Os atos legislativos estaduais e municipais atacados nessas demandas, em síntese, proibiam o uso do amianto nas respectivas unidades federativas, contrapondo-se à permissão contida na referida Lei Federal n. 9.055/1995, questionada na primeira ação.

Há grande interesse econômico na exploração desse minério, não apenas pelo fato de ser facilmente encontrado na natureza, mas, sobretudo, porque seu custo de extração é baixo e sua utilização econômica é bastante ampla em função de inúmeras de suas características, como durabilidade, flexibilidade, resistência e indestrutibilidade, sendo referido como um "mineral mágico ou seda artificial" (Castro; Giannasi; Novello, 2003, p. 907).

Em realidade, o amianto na modalidade crisotila é amplamente utilizado como matéria-prima nos países de economia periférica, em diversos setores, desde a construção civil até as indústrias bélica, aeroespacial, petrolífera, têxtil, de papel e papelão, naval, de fundições, de produção de cloro-soda, entre outros (Inca, 2021).

Contudo, como antecipamos, o amianto é reconhecido como uma substância comprovadamente cancerígena[16], inclusive para as pessoas que apenas convivem com trabalhadores que o manuseiam, tornando inviável seu uso de maneira segura "em quaisquer das suas formas ou em qualquer estágio de produção, transformação e uso" (Castro; Giannasi; Novello, 2003, p. 904) e independentemente do limite de exposição, como, aliás, ficou consignado oficialmente na Portaria n. 1.339, de 18 de novembro de 1999 do Ministério da Saúde, que instituiu a Lista de Doenças relacionadas ao Trabalho e associa a exposição do asbesto ou amianto a inúmeras doenças[17].

O conhecimento científico que se tem sobre os efeitos do amianto e a experiência de outros países demonstram que "o meio mais eficiente de eliminar as doenças relacionadas ao mineral é eliminar o uso de todos os tipos de asbesto", como constou no voto da Ministra Rosa Weber, relatora da ADI n. 4.066[18].

Além da citada Portaria do Ministério da Saúde, editada posteriormente à Lei Federal n. 9.055/1995, desde o ano de 1990, o Brasil já era signatário das

---

16 "Segundo a Organização Mundial da Saúde–OMS, a exposição ao amianto é um dos maiores fatores carcinogênicos ocupacionais, responsável por aproximadamente metade das mortes por câncer relacionado ao trabalho" (ADI n. 3.937, Relator Ministro Marco Aurélio, julgamento em 24 ago. 2017. Disponível em: <https://redir.stf.jus.br/paginadorpub/paginador.jsp?docTP=TP&docID=749028439>. Acesso em: 17 jan. 2022).

17 "Neoplasia maligna do estômago (C16.-), Neoplasia maligna da laringe (C32.-), Neoplasia maligna dos brônquios e do pulmão (C34.-), Mesotelioma da pleura (C45.0), Mesotelioma do peritônio (C45.1), Mesotelioma do pericárdio (C45.2), Placas epicárdicas ou pericárdicas (I34.8), Asbestose (J60.-), Derrame Pleural (J90.-), Placas Pleurais (J92.-)". Disponível em: <https://bvsms.saude.gov.br/bvs/saudelegis/gm/1999/prt1339_18_11_1999.html>. Acesso em: 17 fev. 2022.

18 ADI n. 4.066. Relatora Ministra Rosa Weber, julgamento em 24 ago. 2017. Disponível em: <https://redir.stf.jus.br/paginadorpub/paginador.jsp?docTP=TP&docID=14452232>. Acesso em: 18 fev. 2022.

Convenções n. 139, de 5 de junho de 1974, e n. 162, de 4 de junho de 1986, da Organização Internacional do Trabalho (OIT, 1974; 1986)[19], em vigor desde 1991 no território nacional, que dispõem, respectivamente, sobre a prevenção e o controle de riscos profissionais causados por substâncias ou agentes cancerígenos e sobre a utilização do amianto com segurança. Em 1992, aderiu-se, também, à Convenção sobre o Controle de Movimentos Transfronteiriços de Resíduos Perigosos (Convenção de Basileia)[20], que inclui resíduos que contenham amianto entre os que devem ser controlados.

De acordo com o mais recente entendimento do STF sobre a matéria[21], a legislação convencional em questão ostenta *status* de norma materialmente constitucional no sistema jurídico brasileiro, na medida em que veicula a proteção de direitos fundamentais, conforme o art. 5º, parágrafo 2º, da Constituição do Brasil[22], apenas não assumindo a **forma** constitucional (corpo da Constituição) porque integrada antes do advento da Emenda Constitucional n. 45, de 30 de dezembro de 2004, além de não ter sido aprovada pelo competente procedimento legislativo para tanto, nos termos do parágrafo 3º do mesmo dispositivo[23].

Dessa maneira, as convenções em questão sobrepõem-se sobre todo o ordenamento infraconstitucional brasileiro, que passa a ter a sua validade condicionada à observância de seus comandos.

Ao assumir esses acordos internacionais, o Estado brasileiro se comprometeu, em síntese, a reduzir os níveis de exposição ao amianto, de forma consistente e progressiva, e a substituir seu uso, sempre que possível, por substâncias menos nocivas, conforme art. 2º da Convenção n. 139 da OIT (OIT, 1974); a adotar leis capazes de prevenir, controlar e proteger os trabalhadores contra os riscos para a saúde oriundos da exposição ao amianto, conforme art. 3º da Convenção n. 162 da

---

19 Veiculadas pelo Decreto Presidencial n. 10.088/2019. Disponível em: <http://www.planalto.gov.br/ccivil_03/_Ato2019-2022/2019/Decreto/D10088.htm#art5>. Acesso em: 17 fev. 2022.

20 Publicada pelo Decreto Presidencial n. 875/1993. Disponível em: <http://www.planalto.gov.br/ccivil_03/decreto/d0875.htm>. Acesso em: 17 fev. 2022.

21 Cf. Faraco (2021, p. 345-347), na Ação Direta de Inconstitucionalidade (ADI) n. 5.543, julgada em 2020, o STF reconheceu o caráter materialmente constitucional dos tratados internacionais sobre direitos humanos não integrados conforme o procedimento do § 3º do art. 5º da CB: "é de se compreender que os direitos oriundos dos tratados e convenções internacionais de direitos humanos, sendo *materialmente constitucionais* se somam e equiparam aos direitos fundamentais sediados formalmente na Constituição. Todos eles, no entanto, podem e devem, por força do disposto no art. 5º, §2º CRFB, serem considerados direitos *materialmente constitucionais*" (Relator Ministro Edson Fachin, julgamento em 11 maio 2020. Disponível em: <https://redir.stf.jus.br/paginadorpub/paginador.jsp?docTP=TP&docID=753608126>. Acesso em: 17 fev. 2022. Grifo nosso).

22 "Art. 5º [...] § 2º Os direitos e garantias expressos nesta Constituição não excluem outros decorrentes do regime e dos princípios por ela adotados, ou dos tratados internacionais em que a República Federativa do Brasil seja parte" (Brasil, 1988a).

23 "Art. 5º [...] § 3º Os tratados e convenções internacionais sobre direitos humanos que forem aprovados, em cada Casa do Congresso Nacional, em dois turnos, por três quintos dos votos dos respectivos membros, serão equivalentes às emendas constitucionais" (Brasil, 1988a).

OIT (OIT, 1986) e a reduzir a geração de resíduos que contenham amianto ao mínimo possível, conforme art. 4º da Convenção de Basileia (ONU, 1989).

Por força dessas regras, o art. 2º da Lei n. 9.055/1995, que ainda permite a utilização da crisotila, mesmo que com restrições, mostra-se inconvencional[24], especialmente por não prever qualquer mecanismo de revisão "das estratégias de controle dos riscos à saúde oriundos da exposição ao amianto [...] em frontal desalinho com as obrigações assumidas pelo Estado brasileiro ao adotar as Convenções n. 139 e 162 da OIT"[25], como assentou a Ministra Rosa Weber, relatora da ADI n. 4.066[26].

Nessa ação, apesar do que sustentaram Francisco Rezek e Luís Roberto Barroso em pareceres acostados aos autos por *amici curiae*, no sentido de que "eventual declaração de inconstitucionalidade do *art. 2º da Lei nº* 9.055/1995 não conduziria à proibição da sua exploração nas hipóteses por ele regidas, e sim à retirada, do ordenamento jurídico, da norma que submete essa exploração a limites" (Brasil, 2018a, grifo do original), a ministra relatora, Rosa Weber, entendeu que a norma federal que autoriza a exploração econômica do amianto no território pátrio oferece suporte à invalidação da legislação editada pelas demais unidades federativas, proibindo o uso da substância, como fez a Corte em oportunidades anteriores[27].

O robusto voto da relatora sustenta, acertadamente em nosso entendimento, que a inconstitucionalidade da norma reside no fato de que a tolerância ao uso do amianto crisotila, positivada no art. 2º da Lei n. 9.055/1995, "não protege

---

24 A inconvencionalidade se caracteriza pela incompatibilidade das normas internas "em face dos tratados e das convenções internacionais ratificados pelo Estado brasileiro que lhe sejam (hierarquicamente) prevalentes" (Faraco, 2021, p. 348).

25 Em sentido contrário, sobre a possível antinomia entre o dispositivo em questão, autorizador do uso do amianto, e a Convenção n. 162 da OIT, o Ministro Marco Aurélio, Relator da ADI n. 3.937, julgada em 24 de agosto de 2017, assentou que a norma internacional em questão não proíbe o uso da substância, senão tem por escopo "proteger o trabalhador sujeito à inalação de fibras de amianto no ambiente de trabalho, mas, em nenhuma parte, conduzem, em termos peremptórios, ao banimento do uso da fibra" (Disponível em: <https://redir.stf.jus.br/paginadorpub/paginador.jsp?docTP=TP&docID=749028439>. Acesso em: 17 fev. 2022).

26 Julgamento em 24 ago. 2017. Disponível em: <https://redir.stf.jus.br/paginadorpub/paginador.jsp?docTP=TP&docID=14452232>. Acesso em: 17 fev. 2022.

27 Nesse sentido, na ADI n. 2.396, o STF declarou a inconstitucionalidade da Lei n. 2.210/2001 do Estado do Mato Grosso do Sul, na parte em que proibia a fabricação, ingresso, comercialização e estocagem de amianto ou de produtos à base de amianto, destinados à construção civil, por entender que a norma extrapolava a competência concorrente ao afrontar o disposto na norma geral federal (Relatora Ministra Ellen Gracie, julgamento em 26 set. 2001. Disponível em: <https://redir.stf.jus.br/paginadorpub/paginador.jsp?docTP=AC&docID=375387>. Acesso em: 17 fev. 2022). Também na ADI n. 2.656, a Corte proclamou, sob o mesmo fundamento, a inconstitucionalidade da Lei n. 10.813/2001 do Estado de São Paulo, que proibia a importação, extração, beneficiamento, comercialização, fabricação e instalação de produtos contendo qualquer tipo de amianto naquela unidade federativa (Relator Ministro Maurício Corrêa, julgamento em 8 maio 2003. Disponível em: <https://redir.stf.jus.br/paginadorpub/paginador.jsp?docTP=AC&docID=266877>. Acesso em: 17 fev. 2022).

adequada e suficientemente os direitos fundamentais à saúde e ao meio ambiente equilibrado" (Brasil, 2018a, grifo do original), tampouco atende aos compromissos internacionais assumidos pelo Brasil. Além disso, quanto ao valor do trabalho humano, em xeque no caso, afirmou a ministra:

> A Constituição de 1988 consagra que *a finalidade do desenvolvimento econômico não está divorciada do processo social. O art. 170, caput, da Lei Maior* eleva a *valorização do trabalho humano* à condição de fundamento da ordem econômica pátria e os *arts.* 5º, XXIII, e 170, III, proclamam a função social da propriedade como fator de legitimação, sob a ótica dos direitos fundamentais, dos limites opostos às liberdades de contratar e de empreender. Nesse quadro, *inadmissível ter o progresso social e o bem-estar coletivo como obstáculos ao desenvolvimento econômico quando eles constituem os seus próprios fins*. (Brasil, 2018a, grifo do original)

Ademais, a relatora também se fundamentou na ciência, aflorando, aqui, o constitucionalismo científico (Tavares, 2022, p. 43-45). Esse voto revela a função normativa da Corte, mas, nesse caso, fortemente embasada no conhecimento científico e técnico, um dos esteios da CB, como se verifica deste trecho de seu voto:

> A tarefa da Corte – de caráter normativo – há de se fazer inescapavelmente embasada nas conclusões da comunidade científica – de natureza descritiva. Questão jurídica a decidir: se, em face do que afirma o consenso médico e científico atual, a exploração do amianto crisotila, na forma como autorizada pela Lei nº 9.055/1995, é compatível com a escolha política, efetuada pelo Poder Constituinte, de assegurar, a todos os brasileiros, os direitos à saúde e à fruição de um meio ambiente ecologicamente equilibrado. (Brasil, 2018a)

Apesar disso, a Corte não reuniu o quórum de maioria absoluta necessário ao julgamento da demanda, na forma do art. 97 da CB, em razão do impedimento de dois dos ministros (Luís Roberto Barroso e Dias Toffoli), contabilizando-se, ao final, cinco dos seis votos necessários à declaração de inconstitucionalidade da norma e quatro pela improcedência da ação, ficando prejudicado o resultado[28].

Em contrapartida, na mesma data, o STF levou a julgamento a ADI n. 3.937, Relator Ministro Marco Aurélio, que buscava a invalidade da Lei n. 12.684, de 26 de julho de 2007 do Estado de São Paulo, que proíbe, nessa unidade federativa,

---

28 Que, nos termos do acórdão, restou assim consolidado: "**Ação direta de inconstitucionalidade conhecida e, no mérito, não atingido o quórum exigido pelo art. 97 da Constituição da República para a pronúncia da inconstitucionalidade do art. 2º da Lei nº 9.055/1995**" (ADI n. 4.066, Relatora Ministra Rosa Weber, julgamento em 24 ago. 2017, grifo no original. Disponível em: <https://redir.stf.jus.br/paginadorpub/paginador.jsp?docTP=TP&docID=14452232>. Acesso em: 17 fev. 2022).

o uso de produtos, materiais ou artefatos que contenham quaisquer tipos de amianto ou asbesto ou outros minerais que, acidentalmente, tenham fibras de amianto na sua composição, conforme seu art. 1º (São Paulo, 2007).

A Confederação Nacional dos Trabalhadores na Indústria (CNTI), autora da ação, invocou a ponderação entre o princípio da livre iniciativa, fundamento da Ordem Econômica brasileira, e a proteção da saúde, sustentando a desproporção da norma paulista, que impõe, em seu entendimento, a latente redução da atividade econômica no segmento para supostamente proteger a saúde, que está fora de risco na hipótese, no seu entendimento.

Diversas entidades habilitaram-se como *amici curiae*, tendo sido realizadas audiências públicas durante a tramitação da demanda, nessa instituição quase-parlamentar das audiências. A discussão esteve focada entre o impacto econômico da proibição do uso do amianto, inclusive do ponto de vista da arrecadação tributária, e a proteção da saúde do trabalhador.

A análise do acórdão muito bem demonstra o antagonismo entre os interesses dos titulares do capital e da força de trabalho, embate que permeou toda a discussão do processo, evidenciando a importância da intervenção do Estado para coibir o abuso do poder econômico, especialmente quando em jogo valores tão caros ao Estado e à sociedade brasileiros, como é o caso da dignidade e da saúde do trabalhador. Mais do que isso, revela a legitimidade de restrições estatais, tal como plasmadas na Lei n. 12.684/2007 do Estado de São Paulo, sob ataque, em virtude de o fundamento constitucional da Ordem Econômica estar não apenas na livre iniciativa, mas também, como visto, necessariamente na livre iniciativa com "valorização do trabalho humano" (condição da vida em sociedade no capitalismo). Certamente que o inverso também pode ser invocado, ou seja, valorização do trabalho humano com livre iniciativa. Mas a ordem, aqui, não altera o resultado.

Não é possível cogitar de iniciativa econômica sem valorização do trabalho humano. Assim como a valorização do trabalho humano relaciona-se diretamente à livre iniciativa, inclusive e especialmente, à iniciativa econômica do capital privado. O que o art. 170 determina, em um sentido mais prático, é que não pode haver legitimidade da ação humana na economia que desconsidere ou ignore o valor do trabalho humano, quer dizer, que subjugue o trabalho do Homem a interesses econômicos que o colocam em risco, que o transformem em objeto ou mero instrumento de trabalho. Não é só. A valorização do trabalho humano assume, além da perspectiva de qualificar a ação humana na economia brasileira, uma dimensão transformadora, típica da Constituição de 1988.

Exatamente esse potencial transformador da cláusula da valorização do trabalho humano na conformação das atividades econômicas fica claro no julgamento deste caso, conforme se depreende da lição de Eros Grau sobre essa dimensão:

> Titulares de capital e de trabalho são movidos por interesses distintos, ainda que se o negue ou se pretenda enunciá-los como convergentes. Daí por que o capitalismo moderno, renovado, pretende a conciliação e composição entre ambos. [...] Valorização do trabalho humano e reconhecimento do valor social do trabalho consubstanciam cláusulas principiológicas que, ao par de afirmarem a compatibilização – conciliação e composição – a que acima referi, portam em si evidentes potencialidades transformadoras. Em sua interação com os demais princípios contemplados no texto constitucional, expressam prevalência dos valores do trabalho na conformação da ordem econômica, podendo, inclusive, se induzidos pela força do regime político, reproduzir em atos, efetivos, suas potencialidades transformadoras. (Grau, 2018a, p. 1883)

Em complemento aos inúmeros dados quanto à inquestionável lesividade da exposição ao amianto[29], reconhecida mundialmente, o representante do Ministério da Previdência Social advertiu que a conta da exposição dos trabalhadores a essa substância altamente cancerígena já "é paga pela sociedade, por intermédio das contribuições sociais previdenciárias recolhidas por todos" (Brasil, 2017a), pois lhe seriam aplicáveis requisitos especiais de aposentadoria em razão do aparecimento de doenças e eventual morte prematura.

É importante ressaltar que, na data de julgamento da demanda, mais de 50 mil trabalhadores brasileiros estavam expostos ao amianto apenas nas atividades de mineração e fibrocimento, de acordo com os dados apresentados pelo representante da Confederação Nacional dos Trabalhadores na Indústria e do Instituto Brasileiro do Crisotila.

O relator da ADI n. 3.937, Ministro Marco Aurélio, rechaçando a tese da invalidade jurídica do uso da substância, por inexistir, na sua visão, política pública sem efeitos colaterais, já que "a ação governamental, em qualquer caso, gera ganhadores e perdedores" (Brasil, 2017a), votou pela constitucionalidade do art. 2º da Lei Federal n. 9.055/1995, em sede de exame prejudicial e, consequentemente, pela inconstitucionalidade da Lei n. 12.684/2007, do Estado de São Paulo, de acordo com as premissas fixadas em seu voto, liberando, com isso, o uso do amianto nesse estado.

O relator sustentou, em síntese, que não há indicações de que o amianto seja mais perigoso do que outras substâncias igualmente conhecidas e lícitas, como o tabaco, o benzeno, o álcool, entre outros, entendendo que a solução do conflito

---

29 Segundo o representante do Ministério da Saúde, "o mineral é a causa de 1/3 dos casos de câncer ocupacionais e [...] a Organização Mundial da Saúde estima em 100.000 as mortes anuais advindas do manejo do produto". Ademais, "o banimento do amianto em diversos países confirma a possibilidade de utilização dos substitutos", de acordo com a representante do Ministério da Saúde (ADI n. 3.937. Brasil, 2017a).

entre a proteção do trabalhador e a manutenção da atividade econômica em questão deveria ocorrer da seguinte forma:

> A questão da saúde ocupacional do trabalhador em contato com as fibras de amianto deve ser resolvida mediante (i) imposição de limites rígidos à exposição dos trabalhadores (e eventuais pessoas com as quais tenham contato) à poeira resultante do amianto, (II) fiscalização intensa a ser empreendida pelo Poder Público e (III) compensação pelos eventuais danos à saúde, mediante antecipação da inativação e recebimentos adicionais previstos em lei. Essa sistemática é a que melhor otimiza o conflito entre o direito à proteção da saúde do trabalhador e o desenvolvimento de atividades econômicas a ele nocivas, sem que haja apelo a posições paternalistas em matéria regulatória. (Brasil, 2017a)

A divergência fora inaugurada pelo Ministro Ayres Britto, que, apesar de manter a higidez constitucional da Lei Federal n. 9.055/1995, reconhecia a constitucionalidade da norma estadual, por entender que o exercício da competência concorrente lhe autorizaria a implementar proteção de forma mais ampla aos bens jurídicos tutelados.

Partindo da premissa de que, em matéria de competência concorrente, a norma estadual jamais poderá proibir conduta que a União admite, mesmo que restritivamente, o voto-vista apresentado pelo Ministro Dias Toffoli sustentou que, uma vez que houve o reconhecimento da inexistência de limites seguros para o manuseio do amianto, a norma nacional passou por um processo de "inconstitucionalização", abrindo margem para o exercício da competência legislativa plena pelos estados, na forma do parágrafo 3º do art. 24 da Constituição do Brasil. Além disso, entendeu que a proteção da saúde do trabalhador é veículo para a satisfação do postulado da valorização do trabalho humano, sendo, pois, indispensável à concretização desse pilar da Ordem Econômica brasileira.

O Ministro Dias Toffoli propôs, então, fosse a ação não provida, com a declaração incidental de inconstitucionalidade do art. 2º da Lei Federal n. 9.055/1995, tese que, por maioria, consagrou-se vencedora. Tal precedente fora seguido no julgamento posterior das demais ações acima mencionadas[30], que também tinham por objeto a inconstitucionalidade de normas estaduais e municipais que proibiam o uso do amianto, todas mantidas pela Corte.

30 ADI n. 3.356, contra a Lei n. 12.589/2004 do Estado de Pernambuco (Relator Ministro Eros Grau, julgamento em 30 nov. 2017); ADI n. 3.357, contra a Lei n. 11.643/2001 do Estado do Rio Grande do Sul (Relator Ministro Ayres Britto, julgamento em 30 nov. 2017); ADIs n. 3.406 e n. 3.470, ambas contra a Lei n. 3.579/2001 do Estado do Rio de Janeiro (Relatora Ministra Rosa Weber, julgamento em 29 nov. 2017) e ADPF n. 109, contra a Lei n. 13.113 e o Decreto n. 41.788 do Município de São Paulo (Relator Ministro Edson Fachin, julgamento em 30 nov. 2017. Disponíveis em: <www.stf.jus.br>. Acesso em 18 fev. 2022).

Interessante notar que, nessas decisões, o STF consignou expressamente que a declaração incidental de inconstitucionalidade do art. 2º da Lei Federal n. 9.055/1995 se dava com "efeito *erga omnes* e vinculante"[31], eliminando a zona de incertezas que existiria sobre os efeitos produzidos pela declaração meramente incidental da inconstitucionalidade, ainda que em sede de ação direta.

Em realidade, essa decisão assume efeitos práticos semelhantes aos efeitos que teriam sido produzidos houvesse sido proposta essa ação direta em face da norma nacional, e não em face da estadual, como foi o caso. É de se registrar que essa decisão rompe barreiras do processo constitucional e, especialmente, do agir de ofício e do amplo processo de discussão que existe previamente a uma decisão de inconstitucionalidade em processo abstrato.

Ao prestigiar a opção legislativa estadual que oferece a melhor proteção à saúde do trabalhador, por limitar a extração e o manuseio de minério altamente nocivo, referidas decisões também concretizam a norma constitucional que consagra a valorização do trabalho humano como um dos fundamentos da Ordem Econômica brasileira, excluindo comandos normativos com ela incompatíveis "do leque de escolhas políticas possíveis" para reconhecer, de outro lado, uma "esfera de legitimação para determinadas intervenções político-normativas que, democraticamente legitimadas, traduzem inferências autorizadas pelo preceito constitucional" (Brasil, 2017a).

2.2 A dúplice conformação imposta pelo fundamento da livre iniciativa

A livre iniciativa constitui valor fundante da Ordem Econômica brasileira, de acordo com o *caput* do art. 170 da CB, o que reafirma a adoção de um modelo

31 Essa não foi a primeira vez que a Corte reconheceu a inconstitucionalidade incidental de uma norma em sede de Ação Direta, apesar de os efeitos dessa declaração serem bastante controversos. Na ADI n. 4.029, a Corte proclamou a constitucionalidade da Lei Federal n. 11.516/2007, que cria o Instituto Chico Mendes de Conservação da Biodiversidade, objeto da ação, reconhecendo, contudo, a inconstitucionalidade incidental de parte da Resolução n. 01/02 do Congresso Nacional, que regula a tramitação das Medidas Provisórias, norma com base na qual o processo legislativo da Lei impugnada havia justamente sido pautado, modulando-se temporalmente os efeitos desta declaração, para que vigorassem após a prolação do acórdão (Relator Ministro Luiz Fux, julgamento em 8 mar. 2012. Disponível em: <https://redir.stf.jus.br/paginadorpub/paginador.jsp?docTP=TP&docID=2227089>. Acesso em: 18 fev. 2022).

de economia de mercado[32], já anunciado no art. 1º, IV, da mesma Carta, que a consagra entre os fundamentos da República. A diretriz ainda encontra reforço no parágrafo único do art. 170 da CB:

> Art. 1º A República Federativa do Brasil, formada pela união indissolúvel dos Estados e Municípios e do Distrito Federal, constitui-se em Estado Democrático de Direito e tem como fundamentos: [...] IV – os valores sociais do trabalho e da livre iniciativa; [...]
>
> Art. 170. A ordem econômica, fundada na valorização do trabalho humano e na livre iniciativa, tem por fim assegurar a todos existência digna, conforme os ditames da justiça social, observados os seguintes princípios: [...]
>
> Parágrafo único. É assegurado a todos o livre exercício de qualquer atividade econômica, independentemente de autorização de órgãos públicos, salvo nos casos previstos em lei. (Brasil, 1988a)

Na ADI n. 3.512[33], restou fixado que a livre iniciativa é expressão de liberdade titulada pelo trabalho. Do mesmo modo, na ADI n. 2.649, o STF entendeu que "a livre iniciativa, prevista no *caput* do art. 170, da Constituição significa a liberdade de comércio e de indústria, a liberdade empresarial e a liberdade contratual que são constitucionalmente asseguradas" (Brasil, 2008a). A livre iniciativa, em termos gerais, envolve também:

> a liberdade econômica, na qual se localiza a liberdade de empresa e a de empreender individualmente, incluindo, ainda, todos tipos de associativismo, bem como a instrumentalização do empreender e, ainda, a liberdade de estabelecer relações negociais e contratar. [...] A instrumentalização do empreender significa a liberdade de escolher a forma pela qual cada um se dedicará a uma atividade dita econômica. Nesse sentido, a liberdade de iniciativa envolve exatamente o direito de empreender empresarialmente ou apenas individualmente, quer dizer, empreender a partir da criação de uma pessoa jurídica ou não. (Tavares, 2017)[34]

---

32 Conforme consignado pelo STF na Arguição de Descumprimento de Preceito Fundamental (ADPF) n. 449: "Além disso, a livre iniciativa também é um princípio específico da ordem econômica brasileira, e isso significa uma opção pela economia de mercado, que significa uma economia que gravita em torno da lei da oferta e da procura, com pontuais intervenções do Estado para corrigir falhas do mercado. Essa é a opção constitucional no Brasil" (Relator Ministro Luiz Fux, julgamento em 8 maio 2019. Disponível em: <https://redir.stf.jus.br/paginadorpub/paginador.jsp?docTP=TP&docID=750684777>. Acesso em: 18 fev. 2022).

33 ADI n. 3.512. Relator Ministro Eros Grau, julgamento em 15 fev. 2006. Disponível em: <https://redir.stf.jus.br/paginadorpub/paginador.jsp?docTP=AC&docID=363387>. Acesso em: 18 fev. 2022.

34 No sentido da liberdade de empreender, cf. Bastos, 1990, p. 16.

Livre iniciativa é direito exercido conforme a própria vontade, independentemente de qualquer dirigismo ou prévia autorização estatal, como é próprio do modelo de economia capitalista. É faculdade, portanto, que decorre da liberdade em sentido amplo, como reconheceu o STF na ADPF n. 449:

> Livre iniciativa não tem apenas uma dimensão econômica, tem uma dimensão de uma liberdade individual, de exercício dos direitos da personalidade. Ela transcende, portanto, o domínio puramente econômico, para significar as escolhas existenciais das pessoas, seja no plano profissional, seja no plano pessoal, seja no plano filantrópico. (Brasil, 2019b)

Da literalidade dos dispositivos constitucionais que a consagram, vê-se, contudo, que a liberdade econômica assegurada à iniciativa privada não é absoluta, como necessariamente se dá com qualquer direito ou garantia no sistema constitucional brasileiro[35] (Barroso, 2004, p. 110), já que deve ser desempenhada em conformidade com os ditames da justiça social, da dignidade da pessoa humana e do trabalho. O exercício dessa faculdade, portanto, deve estar orientado pelo próprio valor social que ela encerra[36], conforme prevê o art. 1º, IV, da CB. Sobre o tema, assim já se pronunciou o STF:

> O princípio da livre iniciativa, inserido no *caput* do art. 170 da Constituição nada mais é do que uma cláusula geral cujo conteúdo é preenchido pelos incisos do mesmo artigo. Esses princípios claramente definem a liberdade de iniciativa não como uma liberdade anárquica, mas **social**, e que pode consequentemente, ser limitada. (Brasil, 2018c, grifo nosso)

Daí porque o parágrafo único do art. 170 e o art. 174[37] da CB admitem a imposição de requisitos e limites, pelo Estado, ao desempenho de certas atividades econômicas pelos particulares. Como afirma Celso Bastos (1990, p. 38), "é a própria

---

35 Conforme já decidido pelo STF: "não há, no sistema constitucional brasileiro, direitos ou garantias que se revistam de caráter absoluto" (Mandado de Segurança n. 23.452, Relator Ministro Celso de Mello, julgamento em 16 set. 1999. Disponível em: <https://redir.stf.jus.br/paginadorpub/paginador.jsp?docTP=AC&docID=85966>. Acesso em: 18 fev. 2022.)

36 No mesmo sentido, confira-se o voto do Ministro Carlos Britto na AC n. 1.657-MC: "Penso que é preciso entender livre iniciativa na seguinte perspectiva: todos são livres para iniciar o processo produtivo e a sua vocação; para destinar seu talento, sua vocação, sua energia física, sua propriedade a uma determinada atividade econômica. Sou livre para me iniciar na economia. Mas uma vez iniciada a atividade econômica, valores outros entram no circuito produtivo, e de cunho social, porque a Constituição também faz da função social da propriedade não só um direito fundamental, como um princípio da atividade econômica" (Relator originário Ministro Joaquim Barbosa, Relator para o acórdão Ministro Cezar Peluso, julgamento em 27 jun. 2007. Disponível em: <https://redir.stf.jus.br/paginadorpub/paginador.jsp?docTP=AC&docID=484304>. Acesso em: 18 fev. 2022).

37 "Art. 174. Como agente normativo e regulador da atividade econômica, o Estado exercerá, na forma da lei, as funções de fiscalização, incentivo e planejamento, sendo este determinante para o setor público e indicativo para o setor privado" (Brasil, 1988a).

Constituição que restringe a liberdade de iniciativa no campo econômico" ao admitir a intervenção estatal, orientada, em termos mais comumente aceitos, para a tutela do interesse público.

Em termos constitucionais mais específicos e concretos, esse tipo de atuação estatal encontra-se orientada para cumprir deveres constitucionais impostos ao Estado, bem como está designada constitucionalmente para que o Estado conduza o desenvolvimento do país como agente de transformação.

No âmbito da ADI n. 1.950, por exemplo, a Corte reputou legítima a intervenção do Estado de São Paulo na economia ao assegurar, por meio da Lei estadual n. 7.844, de 13 de maio de 1992 (São Paulo, 1992), meia entrada em casas de diversão, esporte, cultura e lazer no Estado de São Paulo aos estudantes regularmente matriculados em estabelecimentos de ensino.

A norma foi mantida, conforme seus termos, já que "o direito ao acesso à cultura, ao esporte e ao lazer, são meios de complementar a formação dos estudantes" (Brasil, 2006c). E mais:

> Se de um lado a constituição assegura a livre iniciativa, de outro determina ao Estado a adoção de todas as providências tendentes a garantir o efetivo exercício do direito à educação, à cultura e ao desporto [artigos 23, inciso V, 205, 208, 215 e 217 § 3°, da Constituição]. Na composição entre esses princípios e regras há de ser preservado o interesse da coletividade, interesse público primário. (Brasil, 2006c)

Idêntico entendimento fora dado na ADI n. 3.512, igualmente relatada pelo Ministro Eros Grau, proposta contra a Lei n. n. 7.737, de 5 de abril de 2004 do Estado do Espírito Santo. A norma outorgava meia entrada aos doadores regulares de sangue em todos os locais públicos de cultura, esporte e lazer (Espírito Santo, 2004), medida que foi reputada válida por se entender que "na composição entre o princípio da livre iniciativa e o direito à vida há de ser preservado o interesse da coletividade, interesse público primário" (Brasil, 2006e). Esse tipo de priorização revela sempre um compromisso com a tutela da coletividade, superando as dificuldades advindas da típica visão unilateral individualista propagada no Ocidente[38].

Como o ato normativo estadual não determinava qualquer recompensa financeira à doação, tampouco estimulava a comercialização de sangue, a ação foi julgada improcedente (e a lei considerada constitucional), vencido apenas o Ministro Marco Aurélio, para reconhecer a constitucionalidade da norma, que caracterizava, nas palavras do relator, Ministro Eros Grau, legítima intervenção por

38 Sobre o tema do regime jurídico constitucional voltado à coletividade, cf. Tavares, 2014a.

indução, modalidade de ação estatal que conduz, por meio de incentivos, à opção econômica de interesse coletivo e social, transcendente ao querer individual.

Da mesma forma, no Recurso Extraordinário n. 349.686 (Brasil, 2005), a Corte manteve a limitação imposta pela Portaria n. 62/1995 do Ministério de Minas e Energia, relativa aos requisitos para a comercialização de álcool combustível, gasolina e gás liquefeito de petróleo, proibindo as empresas que exercem a atividade de transportador-revendedor-retalhista de combustíveis de também vender tais produtos, medida que a decisão recorrida havia julgado ofensiva ao princípio da livre inciativa.

Em sua decisão, o STF, ao contrário, entendeu que essa portaria não ofende o princípio da livre iniciativa, que "não pode ser invocado para afastar regras de regulamentação do mercado e de defesa do consumidor" (Brasil, 2005), especialmente diante de medidas adotadas para evitar o desabastecimento do país e o comércio clandestino de combustíveis, tutelando o interesse público e o caminho constitucional para o desenvolvimento nacional.

No mesmo sentido, na Medida Cautelar em Ação Cautelar n. 1.657[39], o STF decidiu manter a interdição de indústria do ramo tabagista em razão do não recolhimento sistemático de Imposto sobre Produtos Industrializado (IPI), cujos débitos ultrapassavam o montante de 1 bilhão de reais quando do julgamento da demanda.

Embora a empresa tenha alegado afronta ao seu direito de livre exercício de atividade econômica lícita, que não poderia ser frustrado por medidas estatais adotadas como forma de coagir o pagamento de tributos, a Corte acolheu, por maioria, a divergência aberta pelo Ministro Cezar Peluso[40] para não atribuir efeito suspensivo ao recurso, mantendo a interdição dos estabelecimentos.

Considerou-se que essa medida seria capaz de proteger os consumidores, o erário, a sociedade em geral e a livre concorrência. Também se entendeu que, por se tratar de débito de IPI, tributo que tem alíquota substancialmente mais elevada para a fabricação de cigarros, seu não pagamento reiterado produziria vantagens competitivas indevidas, aumentando ostensivamente a variação do lucro da empresa, o que caracterizava prática anticoncorrencial. É o que se depreende do seguinte trecho do acórdão:

---

39 Medida Cautelar em Ação Cautelar n. 1.657. Relator originário Ministro Joaquim Barbosa, Relator para o acórdão Ministro Cezar Peluso, julgamento em 27 jun. 2007. Disponível em: <https://redir.stf.jus.br/paginadorpub/paginador.jsp?docTP=AC&docID=484304>. Acesso em: 18 fev. 2022.

40 O relator originário da ação, Ministro Joaquim Barbosa, entendia que o cancelamento do registro especial da empresa impedia o exercício da sua atividade econômica, direito assegurado pela Constituição, votando pela concessão da medida liminar pleiteada "tão somente para preservar o resultado útil do processo", tendo sido acompanhado pelos Ministros Marco Aurélio, Sepúlveda Pertence e Celso de Mello.

> A defesa da livre concorrência é imperativo de ordem constitucional (art. 170, inc. IV) que deve harmonizar-se com o princípio da livre iniciativa (art. 170, *caput*). [...] A atuação fazendária não implicou, pelo menos à primeira vista, violação de nenhum direito subjetivo da autora, senão que, antes, a impediu de continuar a desfrutar posição de mercado conquistada à força de vantagem competitiva ilícita ou abusiva. [...] Dadas as características do mercado de cigarros, que encontra na tributação dirigida um dos fatores determinantes do preço do produto, parece-me de todo compatível com o ordenamento *limitar a liberdade de iniciativa* a bem de outras finalidades jurídicas tão ou mais relevantes, como a defesa da *livre concorrência* e o exercício da vigilância estatal sobre setor particularmente crítico para a saúde pública. (Brasil, 2007b, p. 7-12, grifo do original)

Ainda no que diz respeito ao caráter não absoluto do exercício da livre iniciativa pelos particulares, que devem compatibilizar essa faculdade com os demais preceitos orientadores da Ordem Econômica brasileira, a Corte também reconheceu a legitimidade das restrições impostas pelo Poder Público:

1] à importação de pneus usados, por violar o meio ambiente (ADPF n. 101)[41], já que "a interpretação do artigo 170 da Constituição evidencia que o direito fundamental à livre iniciativa e ao livre comércio não é absoluto" (Brasil, 2012);
2] à exploração econômica do amianto, que oferece risco à saúde e ao meio ambiente (ADI n. 3.937), pois "a liberdade que a Constituição confere ao desenvolvimento da atividade econômica deve ser harmonizada com o ideal de desenvolvimento social saudável" (Brasil, 2017a);
3] à manutenção da exigência de informações específicas em rótulos de café comercializados no Estado do Paraná (ADI n. 2.832), considerando que "a liberdade de atuação e de prática negocial [...] não se reveste de caráter absoluto, pois o seu exercício sofre, necessariamente, os condicionamentos normativos impostos pela Lei Fundamental da República" (Brasil, 2008b).

Esses casos serão examinados de forma mais detida ao longo desta obra, dada a sua relevância para a compreensão dos princípios constitucionais da Ordem Econômica de 1988, segundo a jurisprudência do STF.

---

41 Em cujo acórdão se consignou: "Tal como outras Constituições brasileiras anteriores, a Constituição de 1988 consagra a técnica de estabelecimento de restrição a diferentes direitos individuais. Em relação à garantia de liberdade de livre iniciativa e livre comércio, o texto constitucional impõe, diretamente, na própria definição dos princípios da ordem econômica, um limite expresso de defesa do meio ambiente ao exercício daquela liberdade" (ADPF n. 101, Relatora Ministra Cármen Lúcia, julgamento em 24 jun. 2009. Brasil, 2012).

Ademais, da normatividade do princípio da livre iniciativa também decorrem limites à própria atuação do Estado sobre a economia, para que não se frustre o legítimo exercício daquela faculdade, pois "a admissão da interferência do Estado [...] não pode contrariar ou esvaziar a livre iniciativa, a ponto de afetar seus elementos essenciais" (Brasil, 2020). Em outras palavras, como decidiu o STF na ADPF n. 449: "o exercício de atividades econômicas e profissionais por particulares deve ser protegido da coerção arbitrária por parte do Estado" (Brasil, 2019b).

Ainda em conformidade com a jurisprudência da Corte[42], a intervenção será ilegitimidade quando, entre outros, estiver fundada em exigências que transgridam os postulados da razoabilidade e da proporcionalidade, sem justo fundamento, ou caracterizem limitações arbitrárias, abusivas ou imoderada[43].

Quanto à conformação que a livre iniciativa exerce sobre a intervenção estatal na economia, diversas foram as oportunidades em que o STF também estabeleceu os limites das medidas do Poder Público consideradas excessivamente restritivas à liberdade econômica, como ocorreu em relação: 1) ao tabelamento de preços do setor de cana-de-açúcar em patamares inferiores ao de mercado e aos custos de produção (RE n. 422.941[44] e RE n. 648.622[45]) e 2) à proibição do uso de carros particulares, cadastrados ou não em aplicativos, para o transporte remunerado individual de pessoas, conhecido como "caso Uber" (ADPF n. 449[46]

42 Vide, nesse sentido: Ação Cautelar n. 1.657-Medida Cautelar, Relator originário Ministro Joaquim Barbosa, Relator para o acórdão Ministro Cezar Peluso, julgamento em 27 jun. 2007. Disponível em: <https://redir.stf.jus.br/paginadorpub/paginador.jsp?docTP=AC&docID=484304>. Acesso em: 18 fev. 2022.

43 Nesse sentido: "O sistema constitucional de proteção de liberdades goza de prevalência *prima facie*, devendo eventuais restrições ser informadas por um parâmetro constitucionalmente legítimo e adequar-se ao teste da proporcionalidade, exigindo-se ônus de justificação regulatória baseado em elementos empíricos que demonstrem o atendimento dos requisitos para a intervenção" (ADPF n. 449, Relator Ministro Luiz Fux, julgamento em 8 maio 2019. Disponível em: <https://redir.stf.jus.br/paginadorpub/paginador.jsp?docTP=TP&docID=750684777>. Acesso em: 18 fev. 2022).

44 RE n. 422.941. Relator Ministro Carlos Velloso, julgamento em 6 dez. 2005. Disponível em: <https://redir.stf.jus.br/paginadorpub/paginador.jsp?docTP=AC&docID=368446>. Acesso em: 18 fev. 2022.

45 Em que se decidiu: "1. A intervenção estatal na economia como instrumento de regulação dos setores econômicos é consagrada pela Carta Magna de 1988. 2. Deveras, a intervenção deve ser exercida com respeito aos princípios e fundamentos da ordem econômica, cuja previsão resta plasmada no art. 170 da Constituição Federal, de modo a não malferir o princípio da livre iniciativa, um dos pilares da república (art. 1º da CF/1988)" (RE n.648.622, Relator Ministro Luiz Fux, julgamento em 17 fev. 2012. Disponível em: <http://portal.stf.jus.br/processos/downloadPeca.asp?id=54516617&ext=.pdf>. Acesso em: 18 fev. 2022).

46 Em cujo acórdão se assentou: "A liberdade de iniciativa garantida pelos artigos 1º, IV, e 170 da CB consubstancia cláusula de proteção destacada no ordenamento pátrio como fundamento da República e é característica de seleto grupo das Constituições ao redor do mundo, por isso que não pode ser amesquinhada para afastar ou restringir injustificadamente o controle judicial de atos normativos que afrontem liberdades econômicas básicas" (ADPF n. 449, Relator Ministro Luiz Fux, julgamento em 8 maio 2019. Disponível em: <https://redir.stf.jus.br/paginadorpub/paginador.jsp?docTP=TP&docID=750684777>. Acesso em: 18 fev. 2022).

e RE n 1.054.110[47]), para citar apenas alguns exemplos, que também merecerão ulterior exame.

Vê-se, desse modo, que o núcleo essencial da livre iniciativa é a garantia da liberdade de exercício de atividades econômicas, disso decorrendo uma dúplice conformação: ao particular, que não pode prejudicar os valores da justiça social e a defesa do desenvolvimento nacional a pretexto de seu exercício[48], e ao Estado, que não pode impor limitações ou restrições excessivas, de forma a frustrar o núcleo mínimo desta mesma liberdade[49].

Ambos os aspectos foram reconhecidos em diversas oportunidades pelo STF como maneira de estabelecer o conteúdo concreto da cláusula da liberdade econômica, como se deu nos *cases* econômicos analisados neste tópico.

2.3 A concessão de passe livre no transporte interestadual às pessoas portadoras de deficiência como garantia de existência digna, conforme os ditames da justiça social

Como vimos, a Ordem Econômica brasileira assume como objetivo precípuo a realização da justiça social, de maneira a proporcionar existência digna a todos.

---

47 RE n. 1.054.110. Relator Ministro Roberto Barroso, julgamento em 9 maio 2017. Disponível em: <https://redir.stf.jus.br/paginadorpub/paginador.jsp?docTP=TP&docID=750765676>. Acesso em: 18 fev. 2022.

48 Nesse sentido, confira-se a decisão do STF no RE n. 1.054.110: "É bem de ver, no entanto, que, como qualquer princípio, a livre iniciativa não possui caráter absoluto. Seu sentido e alcance são conformados a partir da ponderação com outros valores e fins públicos previstos no próprio texto constitucional. A leitura dos princípios do art. 170 da Constituição, que seguem ao lado da livre iniciativa, demonstra a inexistência de homogeneidade funcional entre eles. Afinal, também são objetivos e princípios da ordem econômica 'a valorização do trabalho humano', 'existência digna', 'justiça social', 'função social da propriedade', 'defesa do consumidor', 'defesa do meio ambiente' e a 'redução das desigualdades regionais e sociais'. O conjunto de valores que orienta a ordem econômica não estabelece, portanto, a exata extensão da intervenção do Estado na economia. É papel do intérprete definir como acomodar esses diferentes valores" (Relator Ministro Roberto Barroso, julgamento em 9 maio 2017. Disponível em: <https://redir.stf.jus.br/paginadorpub/paginador.jsp?docTP=TP&docID=750765676>. Acesso em: 18 fev. 2022).

49 Como também constou do julgamento do RE n. 1.054.110: "A norma proibitiva ou excessivamente restritiva, por mais que se baseie em fundamentos constitucionais para justificar a intervenção do Estado, será inconstitucional se destituir a livre iniciativa de algum sentido mínimo" (Brasil, 2020).

É o que decorre da diretriz expressa no art. 170, *caput*[50] da CB, cujo conteúdo dirige toda a atuação do Estado sobre o "domínio" econômico em prol destes valores, destinada que está à sua consecução.

A regra não é novidade entre nós. A Constituição de 1934 foi a primeira a contemplar a existência digna como objetivo da Ordem Econômica em seu art. 115[51], ainda que timidamente, mas superando o individualismo característico das Cartas de 1824 e 1891, que a precederam, para imprimir uma visão social mais ampla, segundo Washington Peluso Albino de Souza (1989, p. 30). Passa-se, aliás, com a Carta de 1934, a designar-se o conjunto dessas diretrizes como Ordem Econômica *e* Social (Brasil, 1934, Título IV)[52], em conjugação entre o social e econômico que é inevitável quando se fala de desenvolvimento.

Já a expressão "justiça social"[53] aparece, pela primeira vez, na Carta de 1946 – cujo art. 145 estabelecia: "A ordem econômica deve ser organizada conforme os princípios da justiça social, conciliando a liberdade de iniciativa com a valorização do trabalho humano" (Brasil, 1946) –, tendo sido seguidamente mantida como finalidade da Ordem Econômica na Constituição de 1967 (art. 157[54]) e na Emenda 01/1969 (art. 160[55]), tal como consta atualmente.

---

50 "Art. 170. A ordem econômica, fundada na valorização do trabalho humano e na livre iniciativa, tem por fim assegurar a todos existência digna, conforme os ditames da justiça social, observados os seguintes princípios: [...]" (Brasil, 1988a).

51 "Art. 115. A ordem econômica deve ser organizada conforme os princípios da justiça e as necessidades da vida nacional, de modo que possibilite a todos existência digna. Dentro desses limites, é garantida a liberdade econômica" (Brasil, 1934).

52 A Constituição de 1937 restabeleceu o título "Ordem Econômica" contemplando apenas o direito ao trabalho, como dever social, entre as diretrizes voltadas à iniciativa individual: "Art. 135 – Na iniciativa individual, no poder de criação, de organização e de invenção do indivíduo, exercido nos limites do bem público, funda-se a riqueza e a prosperidade nacional. A intervenção do Estado no domínio econômico só se legitima para suprir as deficiências da iniciativa individual e coordenar os fatores da produção, de maneira a evitar ou resolver os seus conflitos e introduzir no jogo das competições individuais o pensamento dos interesses da Nação, representados pelo Estado. A intervenção no domínio econômico poderá ser mediata e imediata, revestindo a forma do controle, do estímulo ou da gestão direta. Art. 136 – O trabalho é um dever social. O trabalho intelectual, técnico e manual tem direito a proteção e solicitude especiais do Estado. A todos é garantido o direito de subsistir mediante o seu trabalho honesto e este, como meio de subsistência do indivíduo, constitui um bem que é dever do Estado proteger, assegurando-lhe condições favoráveis e meios de defesa" (Brasil, 1937).

53 Como explica Gilberto Bercovici (2007, p. 458), a expressão foi adotada pela primeira vez na história constitucional europeia pela Constituição de Weimar, de 1919, gerando intenso debate doutrinário sobre seu conteúdo no que diz respeito à adoção do capitalismo ou do socialismo. No Brasil, claramente o termo não está atualmente associado ao liberalismo clássico, já que se consagra o valor social da livre iniciativa (e não apenas a livre iniciativa) entre os fundamentos da República no art. 1º, IV, da CB.

54 "Art. 157 – A ordem econômica tem por fim realizar a justiça social, com base nos seguintes princípios: [...] II – valorização do trabalho como condição da dignidade humana; [...]" (Brasil, 1967).

55 "Art. 160. A ordem econômica e social tem por fim realizar o desenvolvimento nacional e a justiça social, com base nos seguintes princípios: [...] II – valorização do trabalho como condição da dignidade humana; [...]" (Brasil, 1969).

É com base em uma definição ampla ou plena, no âmbito das necessidades fundamentais, que Celso Bastos se refere a seu significado na Constituição do Brasil de 1988: "a justiça social consiste na possibilidade de todos contarem com o mínimo para satisfazerem as suas necessidades fundamentais, tanto físicas quanto espirituais morais e artísticas" (Bastos, 1990, p. 18).

De fato, a redação do *caput* do art. 170 da Constituição de 1988 retrata a vinculação entre dignidade humana, justiça social e Constituição Econômica. É essa conjugação que se costuma denominar "mínimo existencial", como explica Gilberto Bercovici (2007), embora o termo não esteja originalmente associado à realização de direitos sociais, diferentemente, portanto, do contexto da atual Constituição do Brasil. Daí porque "as relações entre dignidade humana e constituição econômica não podem ser limitadas ao discurso do mínimo existencial", como afirma o mesmo autor (Bercovici, 2007, p. 461), na medida em que exigem também a realização da democracia econômica, para que se garanta a distribuição social dos benefícios do capital[56].

A justiça social, postada no âmbito econômico, impõe a integração entre o capitalismo e o Estado social. Ademais, descarta a visão de que a justiça social signifique apenas o oferecimento de um "mínimo" ao ser humano, na vetusta tese de que, à grande massa da população, deve-se fornecer apenas o necessário à sua subsistência, de maneira a manter a necessária reprodução da força de trabalho para manter-se a economia. Acrescente-se, ainda, que a justiça social deve permear as relações entre capital e trabalho, sendo concretizada em diversas outras normas constitucionais, como a participação nos lucros da empresa.

Isso significa que o papel do Estado, na condição de agente regulador da economia, segundo a Constituição Econômica de 1988, é o de adotar ações, políticas públicas e econômicas que resguardem a liberdade de iniciativa dos agentes econômicos que atuam no mercado não em um sentido individualista[57], mas como

56 Conforme Gilberto Bercovici (2007, p. 462): "Democratizar a economia significa romper com a influência dos detentores do poder econômico privado, democratizando-o, ou seja, significa distribuí-lo. O cidadão deve ser, ao mesmo tempo, um cidadão do Estado e um cidadão da economia. A economia deve deixar de ser privada, para ser efetivamente publicizada, ou seja, pertencer a todos e funcionar de acordo com o interesse coletivo".

57 É o que se colhe da lição de Celso Antônio Bandeira de Mello: "Embora nos Estados que professam a livre iniciativa, os protagonistas centrais da atividade econômica persistam sendo os particulares, hoje coadjuvados pelo poder público, a ação privada já não é concebida como descompromissada com os interesses do todo e de todos (vale dizer: dos vários indivíduos). Pelo contrário, a propriedade privada, a livre iniciativa, a ação econômica dos empreendedores é calibrada [sic] para um objetivo comum. É direcionada para desideratos que transcendem os interesses puramente individuais, de sorte a exigir que se compatibilizem com os interesses sociais e, além disso, que concorram para realizá-los. Em suma: são compostos objetivos que se consideram de todos" (Mello, 1982, p. 65).

meio de realizar a justiça social[58], garantindo a toda a sociedade brasileira, e não apenas aos detentores dos meios de produção, existência digna. Afinal, como decidiu o STF no RE n. 359.444, "sendo fundamento da República Federativa do Brasil a dignidade da pessoa humana, o exame da constitucionalidade de ato normativo faz-se considerada a impossibilidade de o Diploma Maior permitir a exploração do homem pelo homem" (Brasil, 2004b).

Daí porque o art. 170 da mesma Carta anuncia uma série de princípios que devem nortear a atuação positiva do Estado sobre o domínio econômico, de forma a garantir a concretização da justiça social, assegurando, por tal intermédio, a dignidade humana.

Assim, será incompatível com esse objetivo precípuo da Ordem Econômica de 1988 a omissão do Estado em realizar políticas públicas destinadas a lhe dar concreção, já que "uma norma jurídica é desobedecida quer quando se faz o que ela proíbe quer quando não se faz o que ela determina" (Mello, 1982, p. 66).

Isso significa que não bastaria uma atuação meramente subsidiária do Estado, como muitos pretendem; exige-se, ao contrário, "um Estado forte, vigoroso, capaz de assegurar a todos existência digna", como afirmou o Ministro Eros Grau em seu voto na ADPF n. 46 (Brasil, 2010c), não num sentido antiliberal, mas de acordo com uma visão contemporânea de Estado social e democrático de direito.

Ações e práticas governamentais que apenas reduzem ou eliminam a presença do Estado, como objetivo em si mesmo, sem quaisquer especificações, sem planejamento, são fórmulas inaceitáveis perante a Constituição do Brasil de 1988. O discurso vazio ou caótico, que desqualifica o Estado, que abusa de uma visão utópica da superioridade e autossuficiência mercadológica, agride a CB na Ordem Econômica em vigor.

Os valores da justiça social e a promoção de condições para a existência digna por meio da atuação do Estado na economia também estão consagrados na Declaração Universal dos Direitos Humanos de 1948 (art. XXII)[59], no Pacto

58 No julgamento da ADPF n. 186, em que se discutiu o sistema de cotas étnico-raciais para ingresso nas instituições públicas de ensino superior, o STF firmou o entendimento de que justiça social, na atualidade, não se resume à mera distribuição de riquezas, mas na ampla garantia, a toda sociedade, de diversos valores culturais: "Justiça social hoje, mais do que simplesmente retribuir riquezas criadas pelo esforço coletivo, significa distinguir, reconhecer e incorporar à sociedade mais ampla valores culturais diversificados, muitas vezes considerados inferiores àqueles reputados dominantes" (Relator Ministro Ricardo Lewandowski, julgamento em 26 abr. 2012. Disponível em: https://redir.stf.jus.br/paginadorpub/paginador.jsp?docTP=TP&docID=6984693>. Acesso em: 18 fev. 2022).

59 "Artigo 22. Todo ser humano, como membro da sociedade, tem direito à segurança social, à realização pelo esforço nacional, pela cooperação internacional e de acordo com a organização e recursos de cada Estado, dos direitos econômicos, sociais e culturais indispensáveis à sua dignidade e ao livre desenvolvimento da sua personalidade" (ONU, 1948).

Internacional sobre Direitos Econômicos, Sociais e Culturais de 1966 (art. 11.1)[60] e no Protocolo de San Salvador, adicional à Convenção Americana de Direitos Humanos de 1969[61], "todos incorporados no texto da Ordem Econômica constitucional brasileira", como afirma Eros Grau[62] (2018a, p. 1878), considerando a sua ratificação pelo Estado brasileiro.

Por versarem sobre direitos humanos, essas normas integram materialmente o texto constitucional brasileiro, reafirmando a justiça social como princípio fundamental da Constituição Econômica brasileira. É essa a mais recente posição do STF sobre a matéria, firmada na ADI n. 5.543[63], em que se reconheceu que os tratados internacionais sobre direitos humanos, ainda quando não incorporados conforme o rito especial próprio das emendas constitucionais, como demanda o parágrafo 3º do art. 5º da CB, ostentam *status* de norma *materialmente*

---

60 "Artigo 11.1. Os Estados Partes no presente Pacto reconhecem o direito de todas as pessoas a um nível de vida suficiente para si e para as suas famílias, incluindo alimentação, vestuário e alojamento suficientes, bem como a um melhoramento constante das suas condições de existência. Os Estados Partes tomarão medidas apropriadas destinadas a assegurar a realização deste direito reconhecendo para este efeito a importância essencial de uma cooperação internacional livremente consentida" (ONU, 1966).

61 Em cujo Preâmbulo e art. 1 se afirma: "Os Estados-Partes na Convenção Americana sobre os Direitos Humanos (Pacto de São José da Costa Rica), reafirmando seu propósito de consolidar neste Continente, dentro do quadro das instituições democráticas, um regime de liberdade pessoal e de justiça social, fundado no respeito dos direitos essenciais do homem; [...] Considerando a estreita relação que existe entre a vigência dos direitos econômicos, sociais e culturais e a dos direitos civis e políticos, por motivo de as diferentes categorias de direito constituírem um todo indissolúvel que tem sua base no reconhecimento da dignidade da pessoa humana, razão pela qual exigem tutela e promoção permanente, com o objetivo de conseguir sua plena vigência, sem que jamais possa justificar-se a violação de uns a pretexto da observação de outros; [...] Artigo 1. Obrigação de Adotar Medidas; Os Estados-Partes neste Protocolo Adicional à Convenção Americana sobre Direitos Humanos comprometem-se a adotar as medidas necessárias, tanto de ordem interna como por meio da cooperação entre os Estados, especialmente econômica e técnica, até o máximo dos recursos disponíveis e levando em conta seu grau de desenvolvimento, a fim de conseguir, progressivamente e de acordo com a legislação interna, a plena efetividade dos direitos reconhecidos neste Protocolo" (OEA, 1988).

62 Que acrescenta, ainda, à Constituição Econômica de 1988, os seguintes documentos internacionais: "De particular importância para a ordem econômica constitucional brasileira é a Carta dos Direitos e Deveres Econômicos dos Estados, aprovada pela Resolução n. 3281 (XXIX) da Assembleia Geral das Nações Unidas, em 12 de dezembro de 1974. Entre os preceitos desta Carta destaca-se a afirmação da justiça social como princípio fundamental das relações econômicas internacionais (Capítulo I, artigo 1, 'm') e o desenvolvimento de seu povo como obrigação essencial dos Estados (Capítulo II, artigo 7). Finalmente, o direito ao desenvolvimento foi declarado expressamente na Resolução n. 41/128 da Assembleia Geral das Nações Unidas, de 4 de dezembro de 1986, e reafirmado no artigo 10 da Declaração da Conferência Mundial de Direitos Humanos, de 12 de julho de 1993" (Grau, 2018a, p. 1878).

63 Que teve por objeto dispositivos da Portaria n. 158/2016 do Ministério da Saúde e da Resolução n. 34/2014 da Diretoria Colegiada da Agência Nacional de Vigilância Sanitária, que proibiam a doação de sangue por homens homossexuais. (Relator Ministro Edson Fachin, julgamento em 11 maio 2020. Disponível em: <https://redir.stf.jus.br/paginadorpub/paginador.jsp?docTP=TP&docID=753608126>. Acesso em: 18 fev. 2022).

constitucional, conformando toda a legislação infraconstitucional, que deve respeitar seus ditames.

O julgamento da ADI n. 5.543 gerou forte discussão doutrinária, muitos estudos tendendo a sustentar que não é da competência da Suprema Corte ou do Poder Judiciário brasileiro definir quais normas têm *status* constitucional, ao fazê-lo, como no caso, independentemente de terem sido observados os ritos processuais da Constituição para incorporar novas normas constitucionais. Não cabe aqui retomar a longa disputa em torno da antiga jurisprudência do STF que se recusava a reconhecer a força supralegal ou constitucional dos tratados de direitos humanos. Importa, porém, acentuar o avanço na defesa e realização de direitos humanos, por meio de uma das funções menos analisadas e mais utilizadas da justiça constitucional: a função interpretativa com força decisória definitiva (cf. Tavares, 2005), já que não se admite emenda constitucional para promover *overruling* de decisão da Corte que reconhece (ou amplia, na visão de alguns) direitos fundamentais.

O reconhecimento do caráter materialmente constitucional dos tratados internacionais de direitos humanos nesse julgado é relevante não apenas para a compreensão do conceito de existência digna, norteando, portanto, a interpretação do direito nacional em conformidade com essa normativa internacional, mas também pelo impacto desse novo entendimento em relação à força interna dessas convenções e, por conseguinte, na própria aplicação dos direitos sociais[64] e econômicos por elas resguardados.

Na ADI n. 4.066, por exemplo, o STF decidiu proibir a exploração econômica do amianto justamente porque, além de ofensiva aos preceitos da Ordem Econômica de 1988, em especial à valorização do trabalho humano e a proteção ao meio ambiente, como já examinamos, a norma federal que permitia essa atividade também afrontava os "compromissos internacionais de caráter supralegal assumidos pelo Brasil e que moldaram o conteúdo desses direitos, especialmente as Convenções ns. 139 e 162 da OIT e a Convenção de Basileia" (Brasil, 2018a).

A importância dos preceitos contidos na legislação internacional ratificada pelo Brasil, que igualmente orientam a sua atuação em prol da realização da justiça social e da dignidade da pessoa em sua dimensão econômica, também decorre da possibilidade de responsabilização internacional caso tais comandos

---

64 Sobre essa importância, assim consignou o STF na ADI n. 4.066: "A Constituição de 1988 consagra que **a finalidade do desenvolvimento econômico não está divorciada do processo social** [...]. Nesse quadro, **inadmissível ter o progresso social e o bem-estar coletivo como obstáculos ao desenvolvimento econômico quando eles constituem os seus próprios fins.** Seja partindo da centralidade do princípio da dignidade da pessoa humana, seja adotando a democracia como vértice interpretativo, a sistemática constitucional conduz necessariamente à inviabilidade de uma hermenêutica dos direitos fundamentais que situe os direitos sociais materialmente fundamentais em situação de inferioridade deontológica em relação aos ditos direitos fundamentais individuais" (Brasil, 2018a, grifo do original).

sejam frustrados, como se deu no caso "Empregados da Fábrica de Fogos de Santo Antônio de Jesus e seus familiares vs. Brasil", sentenciado em 2020 pela Corte Interamericana de Direitos Humanos (CIDH, 2020). A Corte reconheceu, entre outros, a responsabilidade do Estado brasileiro pela falta de diligência na fiscalização de atividade econômica que oferece inúmeros riscos, apesar da sua previsão em diversas normas internas, causando a morte de trabalhadores em situação de vulnerabilidade econômica e social devido à explosão daquela fábrica de fogos de artifício.

Em um modelo muito apropriado de **decisão econômica impositiva, em típica função de governo**, entre as diversas condenações impostas, exigiu-se a elaboração de um programa de desenvolvimento socioeconômico voltado à população daquela região, levando-se em conta suas principais atividades econômicas, de forma a possibilitar a criação de alternativas econômicas capazes de promover dignidade humana[65].

No plano interno, a atuação do Estado sobre a economia pressupõe a adoção de políticas capazes de assegurar que o desenvolvimento de atividades econômicas seja meio de promoção da justiça social, garantindo a todos condições de vida digna. Assim, observe-se que não basta o desenvolvimento de atividades econômicas. Índices meramente numéricos de sucesso do Estado não avaliam sucesso social, nem promoção da justiça social. Afinal, como explica Celso Antônio Bandeira de Mello (1982, p. 73):

> O respeito à dignidade humana, estampado nos direitos sociais, é patrimônio de suprema valia e faz parte, tanto ou mais que algum outro, do acervo histórico,

---

65 Como constou da sentença: "Desse modo, a Corte observa que, no momento dos fatos, o Brasil dispunha de regulamentação específica sobre a fabricação de fogos de artifício e sobre o controle e fiscalização das atividades que envolviam explosivos, ou seja, havia cumprido sua obrigação de regulamentação da atividade e dispunha de legislação que reconhecia que a fabricação de fogos de artifício era uma atividade perigosa. Essa legislação tinha por objetivo evitar acidentes mediante a fiscalização da produção de fogos de artifício. [...] No entanto, apesar de as autoridades terem concedido a licença para o funcionamento da fábrica e que, em consequência dessa licença, o Estado tivesse a obrigação de fiscalizar, o Estado não informou, nem se extrai dos autos, que tenha realizado qualquer ação de controle ou fiscalização antes da explosão. Ao contrário, durante a audiência realizada em 19 de outubro de 2006 perante a Comissão Interamericana, o Estado reconheceu que 'falhou ao fiscalizar'. [...] Em suma, após a análise das provas que constam dos autos e das obrigações do Estado, a Corte constata que o Estado do Brasil falhou em seu dever de fiscalizar a fábrica de fogos do 'Vardo dos Fogos' e permitiu que os procedimentos necessários à fabricação dos fogos de artifício ocorressem à margem das normas mínimas exigidas na legislação interna para esse tipo de atividade. Isto, por sua vez, foi a causa da explosão da fábrica de fogos, conforme se depreende das perícias elaboradas em âmbito interno pelas autoridades competentes. [...] Essa conduta omissa do Estado, em suas diferentes instâncias, propiciou a violação dos direitos à vida das 60 pessoas que perderam a vida em consequência direta da explosão da fábrica de fogos de Santo Antônio de Jesus, e do direito à integridade pessoal das seis pessoas que sobreviveram". (CIDH, 2020).

> moral, jurídico e cultural de um povo. O Estado, enquanto seu guardião, não pode amesquinhá-lo, corroê-lo, dilapidá-lo ou dissipá-lo.

Esse Estado, é sempre importante reforçar, não exclui o Estado-juiz. Assim, o STF reconheceu este comando constitucional que estamos a analisar em diversas oportunidades, ora conformando a regulação estatal dissociada desse fim, ora mantendo as restrições à liberdade econômica impostas pelo Estado com vistas à sua realização, o que se mostra essencial para que as regras atinentes à justiça social, por se tratar de preceitos amplos e programáticos, não corram "o risco de persistirem letra morta se não forem avivadas pela prática dos poderes públicos e especialmente pela prática jurisprudencial" (Mello, 1982, p. 63).

A esse respeito, merece destaque a decisão proferida na ADI n. 2.649 (Brasil, 2008a), proposta pela Associação Brasileira das Empresas de Transporte Interestadual, Intermunicipal e Internacional de Passageiros (Abrati) para impugnar a constitucionalidade da Lei Federal n. 8.899, de 29 de junho de 1994, que concede gratuidade no sistema de transporte coletivo interestadual às pessoas portadoras de deficiência (Brasil, 1994).

Entre outros argumentos, a autora alegou que o benefício em questão caracterizaria uma ação de assistência social, devendo, portanto, ser indicada a respectiva fonte de custeio, na forma do parágrafo 5º do art. 195 da CB[66], cuja ausência, em seu entender, configurava investida confiscatória no domínio privado, violando os princípios da Ordem Econômica, em especial a livre iniciativa e a propriedade privada.

Em sua manifestação, o Congresso Nacional, defendendo a norma, sustentou que o "passe livre é um compromisso de todos, Governo e empresas com o respeito à dignidade das pessoas portadoras de deficiência [...], pois seria um instrumento de realização da justiça social" (Brasil, 2008a) propugnada pelo art. 170, *caput*, da Constituição. Além disso, afirmou que não haveria excesso do Poder Público, já que a regulamentação da lei limitava o cumprimento da cota a apenas dois lugares por veículo, caracterizando uma política pública, cujo ônus deve ser suportado pelo serviço de transportes por se tratar de uma concessão pública, o que permite o eventual comprometimento das margens de lucro de seus concessionários em prol do interesse público.

---

66 "Art. 195. A seguridade social será financiada por toda a sociedade, de forma direta e indireta, nos termos da lei, mediante recursos provenientes dos orçamentos da União, dos Estados, do Distrito Federal e dos Municípios, e das seguintes contribuições sociais: [...] § 5º Nenhum benefício ou serviço da seguridade social poderá ser criado, majorado ou estendido sem a correspondente fonte de custeio total" (Brasil, 1988a).

Em seu voto, a Ministra Cármen Lúcia, relatora, destacou que o Brasil ratificou a Convenção sobre os Direitos das Pessoas com Deficiência[67] e seu Protocolo Facultativo (ONU, 2006), comprometendo-se, portanto, a implementar políticas públicas capazes de assegurar reais condições de inclusão social às pessoas portadoras de deficiência:

> A busca da igualdade de oportunidades e possibilidade de humanização das relações sociais, uma das inegáveis tendências da sociedade contemporânea, acolhida pelo sistema constitucional vigente, determina a adoção de políticas públicas que propiciem condições para que se amenizem os efeitos das carências especiais de seus portadores e toda a sociedade atue para os incluir no que seja compatível com as suas condições. (Brasil, 2008a)

Quanto a esse aspecto, a Relatora Ministra Cármen Lúcia destacou que já existem políticas estatais orientadas por esse propósito, inclusive no campo econômico, como é o caso da isenção de IPI para a aquisição de veículos e a obrigatoriedade de reserva de percentual de cargos e empregos públicos para as pessoas portadoras de deficiência prevista no art. 37, VIII da CB[68], entre outros. A Lei Federal n. 8.899/1994, assim, seria mais uma forma de o Estado brasileiro cumprir com o compromisso de tutelar as pessoas portadoras de deficiência, plasmado no princípio constitucional da solidariedade, que demanda, conforme o art. 3º, I a IV da CB[69], a construção de uma sociedade fraterna e sem preconceitos.

Nesse sentido, considerando que o serviço de transporte público coletivo de passageiros é um serviço público sob concessão ou permissão aos particulares, esse aspecto reforça a necessidade, que é geral, de atender à dignidade da pessoa humana e à justiça social, de maneira a atender ao interesse público justificador da existência, nesse caso, do próprio serviço concedido ou permitido.

Sua prestação, portanto, deve atender aos valores da Ordem Econômica brasileira, cuja finalidade precípua é a de assegurar a todos uma existência digna, conforme os preceitos da justiça social. Foram essas as conclusões manifestadas no voto da relatora, Ministra Cármen Lúcia na ADI n. 2.649:

---

67 Esse foi, aliás, o primeiro tratado internacional aprovado pelo Congresso Nacional conforme o procedimento do parágrafo 3º do art. 5º da Constituição, ostentando, portanto, *status* de Emenda Constitucional, conforme o Decreto n. 6.949, de 25 de agosto de 2009 (Brasil, 2009a).

68 "Art. 37. A administração pública direta e indireta de qualquer dos Poderes da União, dos Estados, do Distrito Federal e dos Municípios obedecerá aos princípios de legalidade, impessoalidade, moralidade, publicidade e eficiência e, também, ao seguinte: [...] VIII – a lei reservará percentual dos cargos e empregos públicos para as pessoas portadoras de deficiência e definirá os critérios de sua admissão; [...]" (Brasil, 1988a).

69 "Art. 3º Constituem objetivos fundamentais da República Federativa do Brasil: I – construir uma sociedade livre, justa e solidária; II – garantir o desenvolvimento nacional; III – erradicar a pobreza e a marginalização e reduzir as desigualdades sociais e regionais; IV – promover o bem de todos, sem preconceitos de origem, raça, sexo, cor, idade e quaisquer outras formas de discriminação" (Brasil, 1988a).

15. Preceitua o *caput* do art. 170, da Constituição, que a ordem econômica funda-se na valorização do trabalho humano e na livre iniciativa, e que é sua finalidade "*assegurar a todos existência digna, conforme os ditames da justiça social...*", para o que são elencados os princípios expressos nos oito incisos em que se estende o dispositivo. **16.** Na sequência normativa, a Constituição fixa a titularidade dos serviços públicos: o Poder Público. O transporte coletivo é serviço público. A Constituição define que a sua prestação será feita "*diretamente ou sob regime de concessão ou permissão*" (art. 175). O desempenho das atividades relativas a transportes coletivos obedece, portanto, rigorosamente às regras específicas que o bem-estar da sociedade haverá de determinar. Mais do que o interesse particular é o interesse público que marca o regime jurídico a nortear a forma de prestação dos serviços públicos, pois então se tem o Estado atuando, diretamente ou sob o regime de concessão ou de permissão. [...] A livre iniciativa presta-se, em sua extensão mais plena, à garantia de *liberdade empresarial* para atividades desta natureza. Para os concessionários ou permissionário de serviço público o regime não é livre iniciativa, mas de iniciativa de liberdade regulada nos termos da lei, segundo as necessidades da sociedade. (Brasil, 2008a, p. 9-10, grifo do original)

Com base nisso, e apesar da divergência aberta pelo Ministro Marco Aurélio, que votava pela procedência da ação, por entender que o Poder Público não poderia impor ônus econômico aos concessionários que não estivessem estipulados previamente no contrato de concessão, imunizando-os, na prática, do dever geral e constitucional de respeitar e concretizar a justiça social, a ação foi julgada improcedente pela maioria da Corte, consignando-se, na ementa do acordão, o seguinte:

ALEGAÇÃO DE AFRONTA AOS PRINCÍPIOS DA ORDEM ECONÔMICA, DA ISONOMIA, DA LIVRE INICIATIVA E DO DIREITO DE PROPRIEDADE. [...] 3. Em 30.3.2007, o Brasil assinou, na sede das Organizações das Nações Unidas, a Convenção sobre os Direitos das Pessoas com Deficiência, bem como seu Protocolo Facultativo, comprometendo-se a implementar medidas para dar efetividade ao que foi ajustado. 4. A Lei n. 8.899/94 é parte das políticas públicas para inserir os portadores de necessidades especiais na sociedade e objetiva a igualdade de oportunidades e a humanização das relações sociais, em cumprimento aos fundamentos da República de cidadania e dignidade da pessoa humana, o que se concretiza pela definição de meios para que eles sejam alcançados. (Brasil, 2008a, grifo do original)

Além de demonstrar a relevância dos tratados internacionais de direitos humanos para a definição das políticas de Estado destinadas à intervenção na economia, e que o Brasil deve desenvolver também em prol do cumprimento dos compromissos internacionais assumidos, a decisão afirma um aspecto extremamente importante, de exigibilidade, imperatividade e concretude do *caput* do art. 170, da CB, a autorizar o Estado a empreender esforços com o objetivo de assegurar a todos existência digna, conforme os ditames da justiça social.

Capítulo 3

Princípios da Ordem Econômica brasileira aplicados

O art. 170 da Constituição do Brasil (CB) enuncia como princípios expressos da Ordem Econômica brasileira: a soberania nacional; a propriedade privada e sua função social; a livre concorrência; a defesa do consumidor; a defesa do meio ambiente; a redução das desigualdades regionais e sociais; a busca do pleno emprego e o tratamento favorecido para as empresas de pequeno porte constituídas sob as leis brasileiras e com sede no país, além da liberdade de exercício de atividade econômica, prevista no parágrafo único desse mesmo dispositivo (Brasil, 1988a).

Enquanto os **fundamentos**, enunciados no *caput* da mesma norma, consagram os critérios a serem observados pelo Estado na definição das políticas destinadas à sua atuação sobre a economia para alcançar os objetivos da Constituição Econômica brasileira (existência digna e da justiça social), os **princípios** consistem no ponto de partida para a realização de tais finalidades (Souza, 1989, p. 31).

Registramos que se adota, aqui, a nomenclatura constitucional, que taxativamente elenca os temas anteriormente transcritos como sendo "princípios". Nesse sentido, os princípios são vetores, máximas a serem sempre observadas nas ulteriores normas e realizações da Ordem Econômica.

Sobre esse catálogo específico, vale ressaltar, ainda, duas advertências: 1) "deve-se admitir que não apenas os princípios elencados no art. 170 são princípios constitucionais da vida econômica, mas igualmente outros, não alocados naquele espaço" (Tavares, 2011, p. 123); 2) "muitos dos princípios adotados expressamente no art. 170 não possuem apenas a conotação econômica, como ocorre com a proteção do meio ambiente" (Tavares, 2011, p. 124).

Sobre a categoria princípios, atualmente, temos que é concepção de larga aceitação a de que são normas jurídicas gerais a representar valores permanentes do sistema, que permitem explicar, dar sentido e fundar outras normas jurídicas, conferindo-lhes também unidade e coerência, como ensina Jorge Miranda (2007, p. 262-267).

Daí porque assumem, ainda segundo a lição de Washington Peluso Albino de Souza (1989, p. 32), uma função específica de determinar as marcas ideológicas que devem predominar na regulação das atividades econômicas pelo Estado brasileiro, condicionando os interesses empresariais a motivações que vão além do simples lucro. O art. 170 da Constituição Federal contempla marcas ideológicas da Economia brasileira.

Foi sob essa racionalidade que o Supremo Tribunal Federal (STF) compreendeu a dimensão econômica do princípio da defesa do meio ambiente na Medida Cautelar na ADI n. 3.540, como se colhe do respectivo acórdão:

> **A ATIVIDADE ECONÔMICA NÃO PODE SER EXERCIDA EM DESARMONIA COM OS PRINCÍPIOS DESTINADOS A TORNAR EFETIVA A PROTEÇÃO AO MEIO AMBIENTE.** A **incolumidade** do meio ambiente **não pode ser comprometida** por interesses

empresariais **nem ficar dependente** de motivações de índole meramente econômica, ainda mais se se tiver presente **que a atividade econômica**, considerada a disciplina constitucional que a rege, **está subordinada**, dentre outros princípios gerais, **àquele que privilegia** a "defesa do meio ambiente" (CF, art. 170, VI), **que traduz** conceito amplo e abrangente das noções de meio ambiente natural, de meio ambiente cultural, de meio ambiente artificial (espaço urbano) e de meio ambiente laboral. (Brasil, 2006f, p. 529, grifos do original)

Ademais, os princípios, assim considerados os diversos incisos do art. 170, com as ressalvas topográficas já mencionadas, merecem mútuo equilíbrio e incidência permanente, a guiar a compreensão dos limites da via capitalista de agir em liberdade. Trata-se da representação inequívoca de que o capitalismo não pode ser legitimamente praticado apenas com base na liberdade empresarial e na propriedade privada dos bens produtivos. Nesse sentido, ensina Eros Grau (2017, p. 190):

> Todo esse conjunto de princípios, portanto, há de ser ponderado, na sua globalidade, se pretendemos discernir, no texto constitucional, a definição de um sistema e de um modelo econômicos. A Constituição não é um mero agregado de normas; nem se a pode interpretar em tiras, aos pedaços.

A interpretação e a aplicação dos vetores expressamente indicados no art. 170 da CF deve estar conectada, entre outros[1], com os preceitos constantes dos arts. 1º e 3º do mesmo texto constitucional[2], que indicam os fundamentos e os objetivos da República Federativa do Brasil porque condicionantes da atuação do Estado como um todo, inclusive na seara econômica, como já entendeu o STF[3].

Assim, os princípios expressos da Constituição Econômica brasileira se projetam sobre toda a atuação estatal e privada nessa seara, legitimando conformações impostas às atividades econômicas que com eles se afinem e desautorizando as

---

1 Cf. Eros Grau (2017, p. 190), que indica outros preceitos constitucionais como influxos necessários à interpretação da Ordem Econômica brasileira, tais como as regras contidas nos arts. 7º, 201 e 202, por exemplo.

2 "Art. 1º A República Federativa do Brasil, formada pela união indissolúvel dos Estados e Municípios e do Distrito Federal, constitui-se em Estado Democrático de Direito e tem como fundamentos: I – a soberania; II – a cidadania; III – a dignidade da pessoa humana; IV – os valores sociais do trabalho e da livre iniciativa; V – o pluralismo político. [...] Art. 3º Constituem objetivos fundamentais da República Federativa do Brasil: I – construir uma sociedade livre, justa e solidária; II – garantir o desenvolvimento nacional; III – erradicar a pobreza e a marginalização e reduzir as desigualdades sociais e regionais; IV – promover o bem de todos, sem preconceitos de origem, raça, sexo, cor, idade e quaisquer outras formas de discriminação" (Brasil, 1988a).

3 "Mais do que simples instrumento de governo, a nossa Constituição enuncia diretrizes, programas e fins a serem realizados pelo Estado e pela sociedade. Postula um plano de ação global normativo para o Estado e para a sociedade, informado pelos preceitos veiculados pelos seus artigos 1º, 3º e 170" (ADI n. 1.950, Relator Ministro Eros Grau, julgamento em 3 nov. 2005. Brasil, 2006c).

que lhe sejam contrárias, sempre com vistas à realização da dignidade humana e da justiça social, que encerram sua finalidade precípua.

Ao reunir esse verdadeiro *pool* de vetores da seara econômica em um único comando normativo, sem indicar qualquer ordem de preferência ou priorizações, torna-se necessário o uso de algum instrumento ou critério prático. A doutrina constitucional tem denominado "concordância prática ou harmonização" (Canotilho, 2003, p. 1186), a decorrer da própria unidade da Constituição (Tavares, 2022, p. 194) e, portanto, uma operação necessária se se quer realizar a fusão das partes da Constituição.

Esse processo que estamos chamando de "fusão" de princípios tem gerado, porém, grandes polêmicas. Realmente, não se trata de tarefa simples, não há critérios ou uma métrica aceita universalmente para realizar uma fusão adequada e legítima, o que gera grande discricionariedade do Poder Judiciário, a quem restou a tarefa de consolidar, caso a caso, a realização desse conjunto constitucional de comandos síncronos.

Também ao Congresso Nacional resta a competência de, por emenda constitucional e por legislação, concretizar esse modelo constitucional da Ordem Econômica. A palavra final caberá ao STF, posto que estarão sempre envolvidos elementos constitucionais e, mais ainda, direitos fundamentais, dada a chamada "dupla natureza" desses comandos jurídicos, que neles reconhece "tanto sua função de direitos subjetivos como também de princípios objetivos da Ordem Constitucional" (Tavares, 2022, p. 364).

Como o STF levará a efeito essa fusão de horizontes diversos adotados pelos inúmeros princípios elencados da Ordem Econômica irá depender, em grande medida, da própria concepção adotada sobre princípios, sobre o que é o direito (e quais suas fontes) e, por fim, sobre uma certa autoimagem da Corte.

Mais recentemente, tem sido amplamente adotada a chamada *ponderação entre os princípios* (assim como a chamada *razoabilidade*), em face dos casos concretos a serem solucionados, para determinar o nível de incidência ou de retração de cada princípio. Nesse ponto, assiste razão à crítica de Pegoraro (2020), apoiado em Guastini[4], porque já não se trata, nesse exato ponto, rigorosamente falando, de uma questão interpretativa, quer dizer, de atribuir significado a um texto semântico, pois a Corte acaba decidindo sobre "prevalências".

O que temos, na ponderação de princípios da Ordem Econômica, são exclusões ou, se se preferir, negativas de incidência de dados comandos normativos (aqueles eleitos pela Corte para não incidirem), operações que não são

4 Para Pegoraro (2020, p. 331), "as doutrinas neoconstitucionalistas, que nas versões mais radicais entregam aos Tribunais Constitucionais a ponderação de valores, inclusive sem levar em consideração os limites, acabam por legitimar um ativismo incessante, desequilibrando as suas funções de freio e correção".

reconduzíveis ao clássico espaço das interpretações de textos. Ainda assim, são operações realizadas corriqueiramente pelos Tribunais Constitucionais e Cortes Supremas, assim como pelo STF.

A dimensão criativa da Corte é ínsita no exercício da chamada *função interpretativa da justiça constitucional* e está apoiada em limitações linguísticas, ainda que mínimas. Na ponderação acima mencionada, a dimensão criativa é evidente e inequívoca, mas não decorre da função interpretativa. Nas operações de ponderação dos princípios da Ordem Econômica, o que se está a fazer não é a clássica interpretação. A função da Corte, nessas hipóteses, independentemente da posição favorável ou contrária que se tenha sobre ela, é propriamente uma função de governo, a decidir com base em critérios discricionários, próprios, sem qualquer amparo em texto de Constituição, sobre a "melhor" ou mais "adequada" ponderação a ser feita e, pois, sobre exclusões de princípios econômicos. E essa atividade será permanente, para cada caso concreto e tema que surjam.

A realização do princípio da liberdade de exercício de atividade econômica, por exemplo, encontra como condicionante a simultânea realização da defesa do consumidor, do meio ambiente, da busca do pleno emprego etc., já que a Constituição não lhe define "como uma liberdade anárquica, mas social, e que pode consequentemente, ser limitada", nas palavras do Ministro Roberto Barroso no Agravo Regimental no Recurso Extraordinário (ARE) 1.104.226-AgR (Brasil, 2018d).

Nesse sentido, são diversas as decisões do STF pautadas exatamente na concomitante conjugação dos princípios da Ordem Econômica brasileira, revisando políticas públicas e produções normativas típicas, de acordo com tais valores, considerados em seu conjunto com base na visão da Corte sobre o significado da Constituição Econômica para cada caso.

Este capítulo será destinado à compreensão da definição do sentido empregado nessas decisões pelo STF a cada um dos princípios explícitos da Ordem Econômica brasileira, ressaltando tanto as funções interpretativas (prévias à ponderação) como as funções de governo que são desempenhadas fortemente pela Corte em cada *case* econômico.

3.1 O princípio da soberania nacional como fundamento para a imposição de restrições à liberdade de iniciativa econômica: os casos do Serpro, da ECT e da importação de pneus usados

A soberania nacional inaugura, topograficamente falando, o rol de "princípios" norteadores da Ordem Econômica brasileira, conforme prevê o art. 170, I, da Constituição brasileira[5]. Trata-se de comando normativo que contempla sentido próprio, embora compatível e complementar à clássica soberania política, esta última igualmente consagrada na Constituição, como valor fundamental da República, no art. 1º, I[6].

Em termos tradicionais, soberania significa a capacidade inerente a um Estado de determinar, sem interferências externas, as regras que disciplinarão as relações jurídicas celebradas no território sob sua jurisdição[7]. Nesse sentido, é o poder de mando de última instância em uma sociedade política, como o define Nicola Matteucci (2000, p. 1188).

No plano econômico, a soberania reflete tanto a possibilidade de conformação do exercício das atividades econômicas em razão de interesses nacionais quanto a autonomia estatal para estabelecer tais regramentos e condicionantes, independentemente de quaisquer interesses ou ingerências de outras nações.

A conformação da economia em razão de interesses nacionais (soberania nacional na Ordem Econômica, para usar os termos constitucionais) deve incluir inúmeras situações e instrumentos da mais alta relevância para o desenvolvimento pleno da sociedade brasileira, tais como: 1) a necessidade de formatar um mercado interno como patrimônio nacional (soberania interna, modelo que vem explicitado no art. 219 da CB), o que significa, por exemplo, evitar que nossos agentes econômicos sejam transformados em "meros intermediários

---

5 "Art. 170. A ordem econômica, fundada na valorização do trabalho humano e na livre iniciativa, tem por fim assegurar a todos existência digna, conforme os ditames da justiça social, observados os seguintes princípios: I – soberania nacional; [...]" (Brasil, 1988a).

6 "Art. 1º. A República Federativa do Brasil, formada pela união indissolúvel dos Estados e Municípios e do Distrito Federal, constitui-se em Estado Democrático de Direito e tem como fundamentos: I – a soberania; [...]" (Brasil, 1988a).

7 O que inclui, evidentemente, as hipóteses de extraterritorialidade da lei reguladas pelo direito internacional privado interno – disciplinado, majoritariamente, na Lei de Introdução às Normas do Direito brasileiro – e uniforme – integrado pelos tratados internacionais de que o Brasil é parte. Vide, a esse respeito, a Seção 3.4, adiante.

entre produtores industriais estrangeiros e o mercado" (Grau, 2017, p. 226); 2) a atenção para com o controle privado de grandes decisões econômicas nacionais por meio de agentes econômicos localizados ou sediados no exterior, nos termos desenvolvidos por Celso Furtado (1992), problema ao qual devemos acrescentar o do controle de determinadas atividades nacionais por Estados estrangeiros (em alguns casos, estes figuram como vitoriosos de editais e concorrências abertas pelo Estado brasileiro); 3) o regime jurídico do capital estrangeiro, especialmente o controle da remessa de capital (excedente produzido nacionalmente) para o estrangeiro (detalhamento da soberania, aliás, que está expresso no art. 172 da CB, sempre com referência ao interesse nacional como critério norteador).

Ademais, é certo que, em uma economia globalizada, como é a contemporânea, marcada pela interdependência entre os diversos Estados do globo, a disciplina interna da economia pelo Poder Público invariavelmente receberá influxos políticos externos, devendo acomodar-se, igualmente, aos interesses econômicos que o país manifestar no âmbito de suas relações interestatais, como explica Eros Grau:

> A afirmação da *soberania nacional econômica* não supõe o isolamento econômico, mas, antes, pelo contrário, a modernização da economia – e da sociedade – e a ruptura de nossa situação de dependência em relação às sociedades desenvolvidas. [...] Afirmar a *soberania econômica nacional* como instrumento para a realização do fim de assegurar a todos existência digna e como objetivo particular a ser alcançado é definir programa de políticas públicas voltadas – repito – não ao isolamento econômico, mas a viabilizar a participação da sociedade brasileira, em condições de igualdade no mercado internacional. (Grau, 2017, p. 225, grifo do original)

Assim, o que a norma constante do art. 170, I, da CB determina é que, também no plano econômico, o Estado deve prezar pela prioritária realização dos interesses *nacionais*, expressão que se encontra grafada em inúmeras passagens da Constituição Econômica, indicando justamente a prevalência dos interesses da sociedade brasileira na conformação da economia e no relacionamento comercial com outras nações[8].

Daí porque também integra o conjunto de vetores da Constituição Econômica de 1988 a possibilidade de se conferir tratamento favorecido para as empresas de pequeno porte constituídas sob as leis brasileiras e que tenham sede e

8 Anotava, a esse propósito, Celso Bastos, com muito acerto, que "um país com excessiva dependência do estrangeiro pode ver enfraquecida sua soberania" (Bastos, 1990, p. 20).

administração no país, como estabelece o art. 170, IX, da Constituição[9], na medida em que tais empresas impulsionam o desenvolvimento nacional, gerando oportunidades de trabalho no seio da sociedade brasileira.

Essa acepção da soberania nacional como princípio norteador da Ordem Econômica de 1988 pôde ser verificada no julgamento da Arguição de Descumprimento de Preceito Fundamental (ADPF) n. 101 (Brasil, 2012), em que se discutiu a possibilidade de exploração da atividade econômica de importação de pneus usados. A ação, proposta pelo Presidente da República, tinha por objeto decisões judiciais autorizativas da prática, prolatadas em contrariedade às normas federais que a proibiam.

A discussão travada nos autos evidenciou o grande interesse econômico de diversos países, notadamente os da União Europeia e os do Mercosul, em manter o comércio desses produtos com o Brasil, que chegou a ser demandado perante a Organização Mundial do Comércio e ao Tribunal Arbitral do Mercosul por ter proibido a importação de pneus usados e remoldados da Europa e do Uruguai[10], respectivamente.

Apesar disso, o STF entendeu que a atividade afronta o princípio da soberania nacional (e também da proteção do meio ambiente)[11], norteador da Constituição Econômica de 1988, reconhecendo a constitucionalidade dos atos normativos proibitivos da prática que, no entender da Corte, conformam de maneira legítima a liberdade econômica de iniciativa, em nome daqueles valores, como se depreende do voto do Ministro Gilmar Mendes:

> Entretanto, o que se revela aí é a possibilidade de o Brasil vir a ser compelido, *contra seu interesse público nacional na esfera comercial mundial (art. 170, I,* CF/88), a receber um grande passivo ambiental de pneus usados de qualquer espécie, a que certamente terá que providenciar destinação ambientalmente adequada em curto espaço de tempo, método este que hoje se revela de difícil implantação, conforme afirmações do Instituto Brasileiro do Meio Ambiente e dos Recursos Naturais Renováveis (IBAMA) e do Ministério Público Federal.

9 "Art. 170. A ordem econômica, fundada na valorização do trabalho humano e na livre iniciativa, tem por fim assegurar a todos existência digna, conforme os ditames da justiça social, observados os seguintes princípios: [...] IX – tratamento favorecido para as empresas de pequeno porte constituídas sob as leis brasileiras e que tenham sua sede e administração no País" (Brasil, 1988a).

10 A Organização Mundial do Comércio reputou válida a proibição da importação de pneus da Europa pelo Brasil, recomendando, contudo, fosse garantida a aplicação uniforme das normas proibitivas, já que o Brasil autorizava a prática junto aos países do Mercosul. Já o Tribunal Arbitral do Mercosul garantiu ao Uruguai o direito de continuar exportando os mesmos bens para o Brasil.

11 Como ficou consignado na emenda do acórdão: "Ponderação dos princípios constitucionais: demonstração de que a importação de pneus usados ou remoldados afronta os preceitos constitucionais de saúde e do meio ambiente ecologicamente equilibrado (arts. 170, inc. I e VI e seu parágrafo único, 196 e 225 da Constituição do Brasil)". ADPF n. 101, Relatora Ministra Cármen Lúcia, julgamento em 24 jun. 2009. Disponível em: <https://redir.stf.jus.br/paginadorpub/paginador.jsp?docTP=AC&docID=629955>. Acesso em: 18 fev. 2022.

[...] Contudo, apreende-se que, em tese, não se inviabiliza a atividade comercial das empresas de reforma de pneus usados, mas restringe-se sua liberdade de livre iniciativa de importação ilimitada daqueles bens, em razão da proteção e da defesa da saúde, do meio ambiente e, em última instância, da soberania nacional junto à OMC. (Brasil, 2012, p. 262-263, grifo nosso)

Efetivamente, em que medida a importação de pneus usados interessa ao mercado nacional? Não é admissível que se exerça a liberdade de iniciativa econômica contra o interesse nacional. Assim, essa decisão demonstra a legitimidade na imposição de restrições ao exercício de atividades econômicas, quando voltadas ao atendimento dos interesses nacionais.

No julgamento da ADI n. 4.829[12], em março de 2021, o STF se pautou exatamente nessa dimensão do preceito contido no art. 170, I, da CB. Proposta pela Associação das Empresas Brasileiras de Tecnologia da Informação (Assespro Nacional), a medida teve por objeto o art. 67 da Lei Federal n. 12.249, de 11 de junho de 2010[13], que alterava a Lei Federal n. 5.615/1970, exatamente para dispensar de procedimento licitatório a contratação do Serviço Federal de Processamento de Dados (Serpro) pela União, relativamente à prestação dos serviços de tecnologia da informação correspondentes às atividades de sua especialização, considerados – como efetivamente são – estratégicos.

A autora sustentou a inconstitucionalidade formal e material do dispositivo por entender, entre outros argumentos, que a indevida dispensa de licitação caracterizaria excessiva intervenção do Estado na atividade econômica, em ofensa ao art. 173, *caput* e parágrafo 4º[14], da CB.

Diferentemente, contudo, a relatora, Ministra Rosa Weber, manifestou-se pela constitucionalidade da norma, que, em seu entender, atende ao modelo constitucional de compras públicas, criando exceção legal à regra geral de licitações com base em motivo justificado, considerando, ademais, que "o Plenário desta Suprema Corte já assentou que razões econômicas e políticas são aptas a

---

12 ADI n. 4. 829. Relatora Ministra Rosa Weber, julgamento em 22 mar. 2021. Disponível em: <https://redir.stf.jus.br/paginadorpub/paginador.jsp?docTP=TP&docID=755551246>. Acesso em: 18 fev. 2022.

13 "Art. 67. O art. 2º da Lei nº 5.615, de 13 de outubro de 1970, passa a vigorar com a seguinte redação, renumerando-se o atual parágrafo único para § 1º: 'Art. 2º É dispensada a licitação para a contratação do Serviço Federal de Processamento de Dados – SERPRO pela União, por intermédio dos respectivos órgãos do Ministério da Fazenda e do Ministério do Planejamento, Orçamento e Gestão, para a prestação de serviços de tecnologia da informação considerados estratégicos, relacionados com as atividades de sua especialização'" (Brasil, 2010a).

14 "Art. 173. Ressalvados os casos previstos nesta Constituição, a exploração direta de atividade econômica pelo Estado só será permitida quando necessária aos imperativos da segurança nacional ou a relevante interesse coletivo, conforme definidos em lei. [...] § 4º A lei reprimirá o abuso do poder econômico que vise à dominação dos mercados, à eliminação da concorrência e ao aumento arbitrário dos lucros" (Brasil, 1988a).

legitimar restrições à regra geral das licitações", como constou na ementa do acórdão (Brasil, 2021, p. 2).

Além disso, a relatora sustentou que as restrições à liberdade de iniciativa decorrentes da norma questionada se encontram fundadas no princípio da soberania nacional, protegendo, de forma legítima, a segurança da sociedade e do Estado, exatamente como permite o art. 170, I, da CB, conforme se depreende do seguinte trecho de seu voto:

> os arts. 170, parágrafo único, e 173, *caput*, da Constituição da República autorizam o legislador a, preservado o seu núcleo essencial, estabelecer restrições ao livre exercício de atividade econômica quando necessárias para a preservação de outros direitos e valores constitucionais, tais como a segurança nacional e a soberania. [...] O sentido constitucional da livre iniciativa de modo algum exclui a possibilidade de sua conformação mediante legítima atividade normativa e reguladora do Estado. Imperativos relacionados à segurança nacional, à soberania e ao interesse coletivo, bem como à exigência de preservação da privacidade na custódia dos dados pessoais dos brasileiros, legitimam a escolha do legislador no sentido de afastar do mercado a prestação, à União, de determinados serviços de tecnologia da informação reconhecidos como estratégicos. (Brasil, 2021)

Nesse sentido, o dispositivo impugnado insere-se, nas palavras da relatora, "em um plexo normativo que visa a conferir densidade aos postulados constitucionais da *soberania nacional* (*arts.* 1º, I, *e* 170, I, *da* CF)" (Brasil, 2021, p. 39, grifo do original), na medida em que presente, nesse caso, interesse público a justificar que a exclusividade da prestação desses serviços de tecnologia da informação por empresa pública federal criada para tal fim, disto decorrendo a constitucionalidade da norma atacada.

Por esses motivos, a livre iniciativa cede, de forma legítima, à soberania nacional, princípio que, no campo econômico, autoriza a "imposição, pelo Estado, de condições e limites para a exploração de atividades privadas, tendo em vista a necessidade de sua compatibilização com os demais princípios" constitucionais, como afirmou a relatora (Brasil, 2021, p. 40).

Trata-se de aplicação da soberania interna, conjugado ao problema do controle das decisões estratégicas. Atualmente, na era da economia da informação, não se pode menosprezar uma eventual transferência, do Estado aos particulares, da capacidade para tomar certas decisões ou ter acesso a certas informações, ainda que sejam agentes privados nacionais. A soberania nacional, como entendida no caso pelo STF, pode ser traduzida, mais pedagogicamente, como situação de segurança nacional, categoria muito utilizada pelos Estados Unidos da América do Norte.

Apesar da divergência apresentada pelo Ministro Marco Aurélio, que entendia ser a norma formalmente inconstitucional, apesar de compatível, do ponto de vista material, com a Constituição[15], a maioria da Corte acompanhou o voto da Ministra Rosa Weber para julgar a ação improcedente, firmando-se, no acórdão, o seguinte entendimento:

> 5. Os postulados constitucionais da inviolabilidade do sigilo de dados pessoais (art. 5º, XII e XXXIII, da CF) e da soberania nacional (arts. 1º, I, e 170, I, da CF) reclamam a imposição de restrições ao tratamento de dados pessoais, por entidades privadas, para fins de segurança pública, defesa nacional ou segurança da informação do Estado e dos administrados.
>
> 6. Os arts. 170, parágrafo único, e 173, *caput*, da CF autorizam o legislador a restringir o livre exercício de atividade econômica para preservar outros direitos e valores constitucionais, destacando-se, no caso de serviços estratégicos de tecnologia da informação contratados pela União, os imperativos da soberania, da segurança nacional e da proteção da privacidade de contribuintes e destinatários de programas governamentais. Interesse público a legitimar decisão do legislador no sentido da prestação de serviços estratégicos de tecnologia da informação com exclusividade por empresa pública federal criada para esse fim. (Brasil, 2021, p. 3)

É importante distinguir a *ratio* dessa decisão em relação à que foi tomada pelo STF na ADPF n. 46 (Brasil, 2010c), cujo acórdão, examinado no Capítulo 1, reconheceu a exclusividade da prestação da atividade de entrega de correspondências privadas no território brasileiro pela Empresa Brasileira de Correios e Telégrafos (ECT), por se tratar de serviço público, o que afasta a carga principiológica inerente às atividades econômicas em sentido estrito, como o regime de livre iniciativa e livre concorrência.

No caso ora em exame, os serviços de tecnologia da informação caracterizam típica atividade econômica, e isso não foi questionado. Porém, essa atividade, no caso, há de se sujeitar a restrições decorrentes dos imperativos da soberania nacional, legítimas conforme o art. 170, I, da Constituição brasileira, como

15 Julgando o pedido parcialmente procedente para declarar a inconstitucionalidade formal do art. 67 da Lei Federal n. 12.249/2010, o Ministro Marco Aurélio sustentou que: "A Constituição Federal, embora agasalhe a isonomia e a livre iniciativa, estabelece a soberania como fundamento da República e princípio da ordem econômica – artigos 1º, I, e 170, I. Reservou ao legislador ferramentas para assegurá-la, visando à preservação da ordem constitucional e da segurança nacional. A remissão a ato de ministro de Estado, considerado o § 1º impugnado, quanto à especificação dos serviços tidos como estratégicos, justifica-se tendo em conta a privacidade, a inviolabilidade do sigilo de dados pessoais e de informações referentes ao Poder Público e ao particular – artigos 5º, X, XII e XXXIII, da Lei Maior" (ADI n. 4.829, Relatora Ministra Rosa Weber, julgamento em 22 mar. 2021. Brasil, 2021).

entendeu a Corte. Neste último julgamento, o STF assumiu a função de resguardar o Estado brasileiro e a sociedade por meio do reforço de constitucionalidade de uma lei que encetava esse mesmo conteúdo (função de governo, cf. Tavares, 2005).

Verifica-se, portanto, nos casos analisados, que o STF reconhece a amplitude e a especificidade do princípio da soberania nacional em sua dimensão econômica, ora para legitimar as restrições impostas à liberdade de exercício econômico para proteger os interesses nacionais, como se deu na ADI n. 4.829 (Brasil, 2021), ora para conformar autonomamente o exercício de atividades econômicas no território nacional, de acordo com as necessidades da sociedade brasileira, como se deu na ADPF n. 101 (Brasil, 2012). Ambos os casos revelam, desse modo, o entendimento do STF quanto ao sentido do princípio da soberania nacional como comando inerente à Ordem Econômica estabelecida em 1988.

3.2 A legitimidade das intervenções estatais sobre a propriedade privada para assegurar a realização da sua função social no campo econômico

A propriedade "indica sobretudo um conceito elaborado pela Doutrina" (Coco, 1965, p. 2, tradução nossa). "Não há, aqui, apenas uma constatação, mas uma verdadeira premissa metodológica, pois, para o mundo do Direito, o significado de propriedade tem sido construído sob forte pressão e com influências ideológicas das mais diversas orientações" (Tavares, 2014b). Além disso, estamos lidando com um dos ingredientes mais relevantes na caracterização do capitalismo. As afirmações de Coco e de Tavares acentuam ainda mais a importância de se conhecer e analisar o sentido construído pela jurisprudência do STF para esse instituto constitucional.

A Constituição do Brasil de 1988 consagra, no *caput* de seu art. 5º, a propriedade como direito fundamental da pessoa humana, condicionando o exercício legítimo desse direito ao atendimento da sua função social. Rigorosamente, estamos diante de um direito-dever, e não apenas de um direito. No que diz respeito à propriedade como direito individual[16], a referida limitação vem prevista no inciso XXIII[17] do mesmo art. 5º, em prol da coletividade, e isso independentemente de estarmos falando de um contexto ou uso econômico.

Na perspectiva econômica e coletiva, a limitação está contemplada expressamente no inciso III[18] do art. 170, assim como em diversos elementos constantes do parágrafo 2º do art. 182[19], que regula a política urbana, e do art. 184[20], que autoriza a desapropriação da propriedade rural que não atenda à sua função social, além do art. 186, que trata das condições para cumprimento da função social pela propriedade rural.

A função social especificamente aplicada na Ordem Econômica significa, em linhas muito gerais, que o particular deve empregar os meios privados de produção em prol da justiça social, como determina o *caput* do mesmo art. 170, perseguindo seus legítimos interesses mercadológicos, mas em conformidade com uma atuação socialmente relevante, com geração de benefícios para toda a coletividade. O uso e a atividade decorrente da propriedade privada produtiva não estão mais adstritos à plena liberdade de seu titular, posto que hão de ser cumpridos deveres positivos, definidos pelo Estado, para legitimar essa propriedade privada.

Assim, a função social impõe o cumprimento de deveres por parte do proprietário, não se confundindo com restrições ao uso da propriedade, e, sim, "um

---

16 A esse respeito, Eros Grau traz importante distinção entre a função individual e a função social da propriedade: "O que se impõe salientar é a distinção que aparta a propriedade dotada de *função social* da propriedade dotada de *função individual*. [...] Aí, enquanto instrumento a garantir a subsistência individual e familiar – dignidade da pessoa humana, pois – a propriedade consiste em um direito individual e, iniludivelmente, cumpre função individual. [...] A essa propriedade não é imputável *função social*; apenas os abusos cometidos no seu exercício encontram limitação, adequada, nas disposições que implementam o chamado *poder de polícia* estatal. [...] À *propriedade-função social*, que diretamente importa à ordem econômica – propriedade dos bens de produção – respeita o princípio inscrito no art. 170, III" (2017, p. 232-244, grifo do original).

17 "Art. 5º Todos são iguais perante a lei, sem distinção de qualquer natureza, garantindo-se aos brasileiros e aos estrangeiros residentes no País a inviolabilidade do direito à vida, à liberdade, à igualdade, à segurança e à propriedade, nos termos seguintes: [...] XXII – é garantido o direito de propriedade; XXIII – a propriedade atenderá a sua função social; [...]" (Brasil, 1988a).

18 "Art. 170. A ordem econômica, fundada na valorização do trabalho humano e na livre iniciativa, tem por fim assegurar a todos existência digna, conforme os ditames da justiça social, observados os seguintes princípios: [...] II – propriedade privada; III – função social da propriedade; [...]" (Brasil, 1988).

19 "Art. 182. A política de desenvolvimento urbano, executada pelo Poder Público municipal, conforme diretrizes gerais fixadas em lei, tem por objetivo ordenar o pleno desenvolvimento das funções sociais da cidade e garantir o bem-estar de seus habitantes. [...] § 2º A propriedade urbana cumpre sua função social quando atende às exigências fundamentais de ordenação da cidade expressas no plano diretor" (Brasil, 1988a).

20 "Art. 184. Compete à União desapropriar por interesse social, para fins de reforma agrária, o imóvel rural que não esteja cumprindo sua função social, mediante prévia e justa indenização em títulos da dívida agrária, com cláusula de preservação do valor real, resgatáveis no prazo de até vinte anos, a partir do segundo ano de sua emissão, e cuja utilização será definida em lei" (Brasil, 1988a).

poder-dever positivo, exercido no interesse da coletividade (Comparato, 1986, p. 79). Essa conclusão também se colhe da lição de Eros Grau (2017, p. 243, grifo do original):

> O que mais releva enfatizar, entretanto, é o fato de que o princípio da *função social da propriedade* impõe ao proprietário – ou a quem detém o poder de controle, na empresa – o dever de *exercê-lo* em benefício de outrem e não, apenas, de *não o exercer* em prejuízo de outrem. Isso significa que a *função social da propriedade* atua como fonte da imposição de comportamentos positivos – prestação de *fazer*, portanto, e não meramente de *não fazer* – ao detentor do poder que deflui a propriedade. Vinculação inteiramente distinta, pois, daquela que lhe é imposta mercê de concreção do *poder de polícia*.

É justamente dessa equação que se permite a intervenção estatal no domínio econômico, com o objetivo de assegurar que a propriedade privada, especialmente a dos bens de produção, seja manejada de acordo com a sua função social. Isso porque a Ordem Econômica de 1988 tem como valor fundante a justiça social, destinando-se precipuamente a assegurar a todos existência digna e porque a Constituição Econômica brasileira tem, como vimos, caráter transformador em relação à realidade das relações socioeconômicas.

A justa medida do dimensionamento entre o exercício do direito de propriedade, dentro de uma lógica de mercado privado, e a realização da sua função social, dentro da razão socioeconômica da Constituição, de maneira a legitimar a imposição estatal de deveres à liberdade econômica do detentor da propriedade dos meios de produção, dependerá das circunstâncias concretas presentes em cada caso.

No recente julgamento das ADPFs n. 706 e 713[21], em 18 de novembro de 2021, por exemplo, a Corte reputou inválidas as decisões judiciais que determinaram a redução, em patamares gerais e compulsórios, das mensalidades de universidades privadas durante a pandemia de Covid-19. Essa decisão esteve fundada em limites da função social da propriedade privada, dentre outros comandos constitucionais igualmente considerados, que analisamos brevemente a seguir.

Propostas pelo Conselho de Reitores das Universidades Brasileiras (Crub) e pela Associação Nacional das Universidades Particulares (Anup), respectivamente, as medidas buscavam o reconhecimento da nulidade de diversas decisões judiciais que obrigaram universidades particulares a reduzirem de maneira

21 ADPF n. 706. Relatora Ministra Rosa Weber, julgamento em 18 nov. 2021. Disponível em: <http://portal.stf.jus.br/processos/detalhe.asp?incidente=5950544>. Acesso em: 18 fev. 2022. ADPF n. 713. Relatora Ministra Rosa Weber, julgamento em 18 nov. 2021. Disponível em: <http://portal.stf.jus.br/processos/detalhe.asp?incidente=5955074>. Acesso em: 18 fev. 2022.

uniforme o valor de suas mensalidades no período pandêmico, ao argumento de que o ensino remoto seria menos custoso para essas instituições.

A relatora, Ministra Rosa Weber, manifestou-se pela procedência do pedido para firmar a inconstitucionalidade das interpretações judiciais que, com fundamento exclusivo na eclosão da pandemia de Covid-19, com a consequente migração das aulas presenciais para ambientes virtuais, determinaram às instituições de ensino superior a obrigatória concessão de descontos nas contraprestações dos contratos educacionais, desconsiderando os reflexos causados pela crise pandêmica a ambas as partes contratuais envolvidas nessa relação consumerista.

Em seu voto, a Ministra Rosa Weber ainda considerou que, ao determinar a aplicação de descontos compulsórios, as decisões judiciais questionadas representavam interferências lineares, gerais e abstratas sobre os contratos firmados entre as universidades e seus alunos, violando preceitos da Ordem Econômica brasileira, especialmente a livre iniciativa, além de ofender a isonomia e a autonomia universitária[22].

A relatora indicou, por fim, a fixação de critérios a serem observados pelos magistrados de forma a assegurar a validade das decisões judiciais que determinem a compulsória redução das mensalidades. Nesse sentido, os magistrados devem considerar a vulnerabilidade econômica das partes contratantes e a excessiva onerosidade nos contratos de prestação de serviços educacionais durante a pandemia de Covid-19, com base em diversos outros elementos propostos em seu voto[23].

Buscou-se, com isso, conciliar os princípios da livre iniciativa e da propriedade privada e sua função social oferecendo parâmetros para que essa ponderação

---

22 Conforme as informações do texto STF *julga inconstitucional concessão de desconto geral em mensalidade de universidades privadas na pandemia*, publicado no portal de notícias do STF. Disponível em: <http://portal.stf.jus.br/noticias/verNoticiaDetalhe.asp?idConteudo=476805&ori=1>. Acesso em: 18 fev. 2022.

23 Como propôs a Relatora Ministra Rosa Weber: "1. É inconstitucional decisão judicial que, sem considerar as circunstâncias fáticas efetivamente demonstradas, deixa de sopesar os reais efeitos da pandemia em ambas as partes contratuais, e determina a concessão de descontos lineares em mensalidades de cursos prestados por instituições de ensino superior. 2. Para a caracterização da vulnerabilidade econômica e da onerosidade excessiva em contratos de prestação de serviços educacionais de nível superior em razão da pandemia, é imprescindível a apreciação: (i) das características do curso; (ii) das atividades oferecidas de forma remota; (iii) da carga horária mantida; (iv) das formas de avaliação; (v) da possibilidade de participação efetiva do aluno nas atividades de ensino; (vi) dos custos advindos de eventual transposição do ensino para a via remota eletrônica; (vii) do investimento financeiro em plataformas de educação remota, em capacitação de docentes e em outros métodos de aprendizagem ativa e inovadora que respeitem o isolamento social requerido para minorar a propagação viral; (viii) da alteração relevante dos custos dos serviços de educação prestados; (ix) da existência de cronograma de reposição de atividades práticas; (x) da perda do padrão aquisitivo da(o) aluna (o) ou responsável em razão dos efeitos da pandemia; (xi) da existência de tentativa de solução conciliatória extrajudicial" (ADPF n. 706, p. 9-10. Disponível em: <https://www.conjur.com.br/dl/stf-comeca-julgar-decisoes-deram.pdf>. Acesso em: 18 fev. 2022).

seja feita concretamente, de maneira a legitimar as decisões judiciais que imponham ônus aos entes privados de ensino (com efeitos, segundo propôs a relatora, para as decisões judiciais com esse teor ainda não transitadas em julgado).

Nesse caso, portanto, a Corte entendeu que a limitação imposta pelas decisões questionadas à liberdade de estabelecimento do valor (precificação) das mensalidades entre as universidades e seus estudantes poderia afetar o desenvolvimento dessa atividade econômica, possivelmente acarretando a precarização e até mesmo a falência das instituições de ensino superior privadas.

Segundo a relatora, mesmo que, por um lado, as decisões judiciais em questão tenham buscado proteger os estudantes, que são a parte presumidamente mais vulnerável da relação, fazendo cumprir a função social da propriedade titularizada por universidades privadas, por outro lado, a imposição desse ônus financeiro poderia afetar negativamente a própria dimensão social dessas corporações, além de comprometer sua existência.

Daí porque a Ministra Rosa Weber, acompanhada pela maioria[24], propôs que, diante da colisão entre os princípios da função social da propriedade e da livre iniciativa, fosse afastada a intervenção estatal no domínio econômico ensejada pelas decisões judiciais questionadas nas demandas, que, por sua vez, por implicarem descontos lineares e gerais, caracterizavam também uma imposição anti-isonômica àquela atividade econômica, já que escolas em situações diferentes estariam sujeitas à aplicação dos mesmos descontos.

No julgamento da ADI n. 2.163[25], entretanto, a Corte privilegiou a função social da propriedade, garantindo o direito à meia entrada para menores de 21 anos em casas de *show*, entretenimento, cultura e desporto, então instituído pela Lei estadual n. 3.364, de 7 de janeiro de 2000 do Rio de Janeiro (Rio de Janeiro, 2000).

A medida foi proposta pela Confederação Nacional do Comércio (CNC), que reputou inconstitucional a norma fluminense por afronta aos arts. 170 e 171 da Constituição, caracterizando indevida intervenção do Estado do Rio de Janeiro no domínio econômico por restringir a propriedade privada em benefício de parcela da população, além de violar, segundo seu entendimento, competência privativa da União.

Instada a se manifestar, a Assembleia Legislativa do Rio de Janeiro sustentou que a norma se insere na competência estadual comum para proporcionar

---

24 Portal de Notícias do Supremo Tribunal Federal. Disponível em <http://portal.stf.jus.br/noticias/verNoticiaDetalhe.asp?idConteudo=476805&ori=1>. Acesso em: 28 mar. 2022.

25 ADI n. 2.163/RJ. Relator originário Ministro Eros Grau, Relator para o acórdão Ministro Ricardo Lewandowski, julgamento em 12 abr. 2018. Disponível em: <https://redir.stf.jus.br/paginadorpub/paginador.jsp?docTP=TP&docID=750415180>. Acesso em: 18 fev. 2022.

os meios de acesso à cultura, à educação e à ciência, previstos no art. 23, V, da Constituição brasileira[26].

Inicialmente, o relator da ação, Ministro Eros Grau, além de afastar a alegada inconstitucionalidade formal, já que a atuação no domínio econômico não é exclusiva da União, decorrendo, antes, da competência concorrente prevista no art. 24, I, da Constituição[27], também considerou a norma materialmente válida porque o princípio da iniciativa econômica, tal como consagrada na Constituição Econômica de 1988, não se resume a mero preceito econômico capitalista. Nesse sentido, defendeu que "a superação da oposição entre os desígnios de lucro e de acumulação de riqueza da empresa e o direito ao acesso à cultura, ao esporte e ao lazer, como meio de complementar a formação dos jovens, não apresenta maiores dificuldades" (Brasil, 2019a, p. 6), sendo a intervenção do Estado sobre o domínio econômico lógica "indispensável à consolidação e preservação do sistema capitalista de mercado" (Brasil, 2019a, p. 3), fundamentos com os quais encaminhou seu voto pela improcedência da ação.

A divergência inaugurada pelo Ministro Marco Aurélio, no sentido de que o fator linear de concessão do benefício – ser menor de 21 anos – não seria apto a justificar a interferência do Estado no domínio econômico, foi acompanhada pelo Ministro Gilmar Mendes, que também votou pela procedência do pedido, reconhecendo a inconstitucionalidade da norma estadual. Nesse sentido, entendeu o Ministro que a onerosa imposição à iniciativa privada instituída pela Lei, na prática, irá ser revertida com o consequente aumento de preços dos respectivos serviços a toda a sociedade, como forma de custear o benefício concedido, o que anularia os propósitos da própria política estatal. É o que se compreende de seu voto, especialmente elucidado no seguinte trecho:

> E não se esqueça que, na prática, esse tipo de incentivo se demonstra completamente ineficaz, mesmo para os supostos beneficiários, os menores de 21 anos. É que, ao assumir os custos financeiros e operacionais desse modelo, os empresários apenas repassarão tais custos ao cidadão. Assim como ocorre muito comumente com as meias-entradas para estudante, professores, idosos etc., em que o preço da inteira é apenas duplicado pelos empresários para que o valor final da meia-entrada corresponda ao que seria o da inteira. Hoje, isso já se tornou uma prática comum, ainda que inaceitável do ponto de vista dos valores da ordem econômica. (Brasil, 2019a, p. 5)

---

26 "Art. 23. É competência comum da União, dos Estados, do Distrito Federal e dos Municípios: [...] V – proporcionar os meios de acesso à cultura, à educação, à ciência, à tecnologia, à pesquisa e à inovação; [...]" (Brasil, 1988a).

27 "Art. 24. Compete à União, aos Estados e ao Distrito Federal legislar concorrentemente sobre: [...] I – direito tributário, financeiro, penitenciário, econômico e urbanístico; [...]" (Brasil, 1988a).

À vista desses argumentos, o relator, Ministro Eros Grau, retificou seu voto para acolher a tese da inconstitucionalidade da norma, especialmente porque, como apontado pelos Ministros Marco Aurélio e Gilmar Mendes, não haveria fator de *discrímen* apto a justificar a intervenção estatal no domínio econômico em prol da cultura apenas dos maiores de 21 anos.

Essas duas teses dividiram as opiniões da Corte, tendo os Ministros Dias Toffoli e Cezar Peluso se alinhado ao reconhecimento da inconstitucionalidade da norma, ao passo que os Ministros Ellen Gracie, Cármen Lúcia, Joaquim Barbosa, Ricardo Lewandowski e Carlos Britto aderiram à sua constitucionalidade, por entender que a norma atende aos ditames da justiça social e da equidade. Coube ao então decano, Ministro Celso de Mello, resolver a questão votando pela constitucionalidade da lei fluminense, considerando que o elemento etário seria também apto a autorizar o tratamento diferenciado por ela concedido.

Em meio à discussão travada nos autos, merecem destaque as importantes ponderações do Ministro Carlos Britto no sentido de que a propriedade privada está obrigatoriamente filiada à sua função social, entendimento que foi reconhecido pela maioria da Corte[28]:

> Quero ponderar, Senhor Presidente, também realçando a importância da intervenção de Vossa Excelência, que a propriedade privada cumpre, no Brasil, obrigatoriamente uma função social. Isso está dito no âmbito dos direitos individuais e coletivos e no âmbito dos princípios gerais da atividade econômica. Duplamente a Constituição impôs à propriedade privada uma função social. E o *empresário que explora bens culturais de antemão já sabe que a propriedade privada dele há de cumprir uma função social, que é a função cultural*. E, depois, facilitar para os jovens de até 21 anos o acesso a bens culturais é antecipar, na juventude, o gosto pelos bens culturais como expressão eminentemente espiritual, como dimensão do espírito humano. (Brasil, 2019a, p. 2, grifo nosso)

Outro recente julgamento também retrata a interpretação do STF sobre o conteúdo do princípio da propriedade privada e sua função social no campo econômico. Trata-se do Recurso Extraordinário n. 666.094, em que a Corte, reconhecendo a repercussão geral da discussão constitucional, decidiu, por unanimidade, fixar a seguinte tese:

> O ressarcimento de serviços de saúde prestados por unidade privada em favor de paciente do Sistema Único de Saúde, em cumprimento de ordem judicial, deve utilizar como critério o mesmo que é adotado para o ressarcimento do

28 Com a saída do Ministro Carlos Britto do STF, esse entendimento foi, posteriormente, sintetizado pelo Ministro Ricardo Lewandowski, que constou como relator para o acórdão.

Sistema Único de Saúde por serviços prestados a beneficiários de planos de saúde. (Brasil, 2022, p. 2)

O recurso, proposto pelo Governo do Distrito Federal, tinha por objeto decisão do Tribunal de Justiça do Distrito Federal, que havia condenado o DF a ressarcir, segundo os valores de mercado, os serviços prestados por rede privada a usuário do SUS por força de ordem judicial, considerando a ausência de vagas na rede pública. O autor da ação pleiteava que os valores indenizatórios fossem limitados à tabela do SUS.

Entre os argumentos suscitados em seu voto, o relator, Ministro Roberto Barroso, sustentou que a prestação do serviço de saúde por entidade privada em observância à decisão judicial decorre de legítima intervenção do Estado na propriedade privada, que, embora excepcional, justifica-se quando necessária aos imperativos do interesse público.

O relator considerou, ainda, que o ressarcimento do agente privado conforme a tabela do SUS, como pleiteado pelo Governo do Distrito Federal, "viola a livre iniciativa (CF, art. 170, *caput*) e a garantia de propriedade privada (CF, arts. 5º, XXII, e 170, II)" (Brasil, 2022, p. 2). Por essa razão, propôs a adoção dos mesmos valores aplicados aos planos de saúde para indenizar o SUS pelo atendimento de seus beneficiários, solução que considerou razoável, embora não prevista em lei, tendo em vista o "interesse público que permeia a atividade de prestação de serviços de saúde" (Brasil, 2022, p. 18).

A Corte reconheceu, desse modo, a legitimidade da intervenção do Estado na propriedade privada para assegurar a realização de sua função social no desenvolvimento de atividades de saúde, prestadas por agente econômico privado, exatamente como demanda o art. 170, II e III da CB.

Verifica-se, ainda, nesse último julgamento, especialmente depois do voto do Ministro Barroso, a adoção de um critério de ressarcimento, a ser exigido do governo distrital, não previsto em lei, em inequívoco exercício de função tipicamente legislativa (cf. Tavares, 2005). Nesses casos, é perfeitamente possível que, para situações futuras, haja a edição de nova lei, adotando outro critério que, respeitados os parâmetros constitucionais, promoverá um *overruling* das razões desse precedente.

3.3 O postulado da livre concorrência como consectário do regime jurídico das atividades econômicas em sentido estrito

O princípio da livre concorrência, expresso no inciso IV do art. 170 da Constituição, encerra valor essencial ao modelo capitalista de produção, que não subsiste sem a possibilidade plena de competição entre os agentes econômicos privados (e públicos em regime privado) no mercado.

Embora os textos constitucionais anteriores assegurassem valores próprios à garantia de livre concorrência, como são a livre iniciativa e a repressão ao abuso de poder econômico, foi a Constituição de 1988 que alçou o preceito a princípio expresso e estruturante da Ordem Econômica brasileira (Saavedra, 2018, p. 1893), demandando a atuação do Estado, por meio de leis, políticas públicas e ações de controle, em prol da sua tutela.

Trata-se de especial característica da Constituição do Brasil de 1988, considerando que são poucos os textos constitucionais, no mundo, a garantir expressamente o direito a atuar em um mercado competitivo, embora o tema remeta às origens do modelo capitalista, nas lições de Adam Smith (1776) acerca da necessidade de manter um mercado efetivamente competitivo.

A propósito dessa especificidade, restou muito oportunamente consignado no voto do Ministro Luiz Fux, Relator da ADPF n. 449:

> A definição dos lindes governamentais em relação à ordem econômica tem particular importância considerada uma especial característica da Constituição brasileira. De acordo com a base de dados "*Comparative Constitutions Project*", um dos maiores acervos de informações sobre textos constitucionais de diferentes países, organizado pelos Professores Tom Ginsburg (*University of Chicago*) e Zachary Elkins (*University of Texas*), apenas 21% (vinte e um por cento) das Constituições hoje em vigor ao redor do mundo preveem expressamente algum tipo de direito a um ambiente de mercado competitivo (disponível em: <http://www.comparativeconstitutionsproject.org>). (Brasil, 2019b, p. 8)

A ampla liberdade de concorrência dos agentes econômicos privados, perspectiva típica do capitalismo, contudo, não representa valor absoluto. Isso não significa, porém, que se pretenda admitir, em algum momento ou em alguns setores, um mercado privado "contaminado" pela falta de competitividade ou pelo domínio mercadológico por parte de um ator privado ou um conjunto deles, como possibilidade de exceção pura[29]. Trata-se, mais propriamente, de entender a liberdade econômica de concorrer em alinhamento com outros princípios constitucionais, e não em posição de supremacia interna quanto a esses outros princípios, como já decidiu o STF[30].

É mandatória a necessidade de essa liberdade econômica ser compatibilizada, por meio da própria regulação estatal da economia, com os demais vetores principiológicos da Constituição Econômica brasileira, como a defesa do consumidor, que serviu, na ADI n. 2.832 (Brasil, 2008b), à legítima limitação dessa garantia, tendo a Corte não considerado afrontosa à livre concorrência a exigência de inclusão de informações específicas nos rótulos de café comercializados no Estado do Paraná, por se tratar de conformação ao exercício de atividades econômicas adequada à realização do princípio da defesa do consumidor, como se analisará mais detalhadamente na Seção 3.4, a seguir.

Entre outras razões constitucionais, isso ocorre porque, como anota Giovani Agostini Saavedra (2018, p. 1899), também se tem entendido a livre concorrência como um "instrumento para o alcance de outro bem maior, que se consubstancia no *caput* do art. 170, ou seja: 'assegurar a todos existência digna, conforme os ditames da justiça social'".

Outro não parece ser o entendimento do STF, ao tratar da interseção entre livre concorrência e valores fundamentais, no julgamento da ADI n. 2.649, examinada na Seção 2.3, na qual se discutiu a constitucionalidade de lei que assegura gratuidade às pessoas portadoras de deficiência no transporte coletivo interestadual:

---

29 Certamente, pode haver limitações, como as de ordem técnica, ou mesmo algumas advindas da natureza. Nesses casos, a atividade só será economicamente atraente e eficiente se vier a ser desempenhada por um único agente econômico privado. Foi o caso excepcional da siderurgia na década de 1930, no Brasil. A escassez de um bem, um mercado interno incipiente, atrofiado ou quase ausente, ou, ainda, a incapacidade tecnológica podem gerar esse mercado sem concorrência. Sua legitimidade será tanto maior quanto maior for a presença do Estado limitando preços exorbitantes e estabelecendo padrões, de medida, qualidade etc., de maneira a tutelar o consumidor, a sociedade e o próprio mercado em geral, de um agente econômico excessivamente poderoso em virtude de sua posição monopolista. Essas exceções não são necessariamente eternas, podendo deixar de haver as limitações justificadoras da falta do ambiente competitivo. As justificativas, aliás, para admitir-se um mercado não competitivo em algum setor devem ser submetidas a um teste, de realidade e jurídico, de extremo rigor.

30 Conforme se consignou na ADI n. 2.832: "Os agentes econômicos *não têm*, nos princípios da liberdade de iniciativa **e** da livre concorrência, instrumentos de proteção incondicional. Esses postulados constitucionais – *que não ostentam valor absoluto – não criam, em torno dos organismos empresariais, qualquer círculo de imunidade* que os exonere dos *gravíssimos* encargos cuja imposição, *fundada* na supremacia do bem comum e do interesse social, *deriva* do texto *da própria* Carta da República". (Relator Ministro Ricardo Lewandowski, julgamento em 7 maio 2008, grifo no original. Disponível em: <https://redir.stf.jus.br/paginadorpub/paginador.jsp?docTP=AC&docID=534975>. Acesso em: 18 fev. 2022).

> A Constituição, ao assegurar a livre concorrência, também determinou que o Estado deve empreender todos os seus esforços para garantir a acessibilidade, para que se promova a igualdade de todos, em cumprimento aos fundamentos da República de cidadania e dignidade da pessoa humana, o que se concretiza pela definição de meios para que eles sejam alcançados. Um desses meios é o que se põe na lei ora em exame, que não apenas, penso, não afronta, antes dota de concretude os valores constitucionais percebidos e acolhidos pelos constituintes e adotados como princípios e regras da Constituição do Brasil de 1988. (Brasil, 2008a, p. 20)

Disso se deduz a dúplice conformação que o postulado da livre concorrência encerra no campo econômico: ao mesmo tempo que restringe, a excessiva ou inadequada intervenção do Estado na economia que frustre a plena competição entre os agentes econômicos, impedindo-lhes de disputar livremente o mercado – como se deu no RE n. 1.054.110[31], no qual a Corte anulou a lei paulistana que proibia o transporte remunerado de passageiros por aplicativos, garantindo a ampla competição nesse ramo – também legitima a regulação estatal sobre o exercício de atividades econômicas como forma de garantir sua realização de maneira consentânea aos demais princípios e vetores informativos da Ordem Econômica brasileira – como se deu nas já citadas ADI n. 2.649 (Brasil, 2008a) e ADI n. 2.832[32] (Brasil, 2008b).

Ainda quanto ao primeiro aspecto, em 2015, o STF editou a Súmula Vinculante n. 49, que enuncia: "ofende o princípio da livre concorrência lei municipal que impede a instalação de estabelecimentos comerciais do mesmo ramo em determinada área" (Brasil, 2015), convertendo em diretriz obrigatória o entendimento já constante de sua Súmula n. 646, de 2003.

A matéria recorrente que levou à edição da Súmula Vinculante em questão diz respeito à imposição, por leis municipais de zoneamento, de restrições à instalação de estabelecimentos comerciais de um mesmo ramo empresarial em uma dada região da cidade, prática que o STF reputou ofensiva à livre concorrência em diversas oportunidades.

Nada obstante esse entendimento sumulado, a Lei Federal n. 6.729, de 28 de novembro de 1979, conhecida como Lei Ferrari, ao regular a concessão comercial

---

31 Conhecido como "caso Uber", que será examinado detalhadamente na Seção 3.7, adiante. (Relator Ministro Roberto Barroso, julgamento em 9 maio 2017. Disponível em: <https://redir.stf.jus.br/paginadorpub/paginador.jsp?docTP=TP&docID=750765676>. Acesso em: 18 fev. 2022).

32 Em que se discutia a realização do princípio da proteção do consumidor por meio da conformação do exercício de atividades econômicas, tendo a Corte não considerado afrontosa à livre concorrência a exigência de inclusão de informações específicas nos rótulos de café comercializados no Estado do Paraná, conforme será analisado mais detalhadamente na Seção 3.4, a seguir.

de distribuidoras de veículos, estabelece, em seu art. 5º, II[33], a exigência de distâncias mínimas entre os estabelecimentos de concessionários da mesma rede, aqui, ao contrário, essa "limitação" atua como efetiva garantia do pleno potencial de mercado, embora a regra não proíba a instalação de mais de um concessionário da mesma rede em uma determinada área.

Aliás, após a aprovação dessa Súmula Vinculante, a Primeira Turma do STF estabeleceu exceções à sua aplicação:

> baseadas na segurança e na proteção à saúde e ao meio ambiente, no mesmo sentido do que já se vislumbrava nos diálogos acima. No julgamento da Rcl 30.986 AgR, o Relator, Ministro Alexandre de Moraes, recordou jurisprudência da Corte que entende que lei municipal que fixa distância mínima para postos de combustíveis, por razões de segurança, não ofende os princípios constitucionais da livre iniciativa e livre concorrência [...]. (Tavares, 2021, p. 324)

Trata-se do segundo aspecto da livre concorrência anteriormente mencionado, no sentido de legitimar a intervenção estatal para assegurar seu exercício em conformidade com os demais valores da Ordem Econômica brasileira. A esse propósito, tem-se, ainda, interessante exemplo na Medida Cautelar em Ação Cautelar n. 1.657, citada na Seção 2.2, na qual a Corte decidiu manter a interdição de uma fábrica de cigarros que sistematicamente não recolhia IPI por considerar que a prática colocava a empresa em condição competitiva abusiva em relação aos demais agentes do setor, igualmente onerados com o pagamento daquele mesmo tributo, já que seus produtos teriam custo reduzido. Protegeu-se, com isso, a livre concorrência, impedindo a empresa que atuava de forma anticoncorrencial de continuar suas atividades, como se verifica na ementa do acórdão:

> **Estabelecimento industrial. Interdição pela Secretaria da Receita Federal. Fabricação de cigarros. Cancelamento do registro especial para produção. Legalidade aparente. Inadimplemento sistemático e isolado da obrigação de pagar Imposto sobre Produtos Industrializados – IPI. Comportamento ofensivo à livre concorrência. Singularidade do mercado e do caso. Liminar indeferida em ação cautelar. Inexistência de razoabilidade jurídica da pretensão. Votos vencidos.** Carece de razoabilidade jurídica, para efeito de emprestar efeito suspensivo a recurso extraordinário, a pretensão de indústria de cigarros que, deixando sistemática e isoladamente de recolher o Imposto sobre Produtos Industrializados, com consequente redução do preço de venda da mercadoria

---

33 "Art. 5º São inerentes à concessão: [...] II – distâncias mínimas entre estabelecimentos de concessionários da mesma rede, fixadas segundo critérios de potencial de mercado. § 1º A área poderá conter mais de um concessionário da mesma rede" (Brasil, 1979).

e ofensa à livre concorrência, viu cancelado o registro especial e interditados os estabelecimentos. (Brasil, 2007b, p. 1, grifo no original)

Outro importante aspecto do princípio da livre concorrência é que sua incidência está adstrita ao regime próprio de exercício das atividades econômicas em sentido estrito, não se aplicando aos modelos de prestação de serviço público (atividade econômica *lato sensu*).

Daí porque, relativamente ao serviço de entregas de correspondências privadas, considerado público, a Corte entendeu, no julgamento da ADPF n. 46 (Brasil, 2010c), não haver ofensa à livre concorrência na previsão da Lei Federal n. 6.538/1978 quanto à exclusividade de sua prestação pela União, excluindo tal atividade do sistema de livre competitividade, como constou na ementa do acórdão:

> EMPRESA PÚBLICA DE CORREIOS E TELÉGRAFOS. PRIVILÉGIO DE ENTREGA DE CORRESPONDÊNCIAS. [...] VIOLAÇÃO DOS PRINCÍPIOS DA LIVRE CONCORRÊNCIA E LIVRE INICIATIVA. NÃO CARACTERIZAÇÃO. ARGUIÇÃO JULGADA IMPROCEDENTE. [...] 1. O serviço postal [...] não consubstancia atividade econômica em sentido estrito. Serviço postal é serviço público. 2. A atividade econômica em sentido amplo é gênero que compreende duas espécies, o serviço público e a atividade econômica em sentido estrito. Monopólio é de atividade econômica em sentido estrito, empreendida por agentes econômicos privados. A exclusividade da prestação dos serviços públicos é expressão de uma situação de privilégio. Monopólio e privilégio são distintos entre si; não se os deve confundir no âmbito da linguagem jurídica, qual ocorre no vocabulário vulgar. [...] Os regimes jurídicos sob os quais em regra são prestados os serviços públicos importam em que essa atividade seja desenvolvida sob privilégio, inclusive, em regra, o da exclusividade. (Brasil, 2010c, p. 1-2)

A exclusão de atividades econômicas em sentido amplo, prestadas pelo Estado em regime de serviço público, da regra da livre concorrência foi reafirmada pela Corte no julgamento do Agravo Regimental no Recurso Extraordinário n. 363.412, afastando-se a aplicação do regime jurídico próprio das empresas privadas, no qual inserido o postulado da livre concorrência, ao serviço de infraestrutura aeroportuária prestado pela Infraero, caracterizado como serviço público:

> Inaplicabilidade, à Infraero, da regra inscrita no art. 150, § 3º, da Constituição. A submissão ao regime jurídico das empresas do setor privado, inclusive quanto aos direitos e obrigações tributárias, somente se justifica, como consectário natural do postulado da livre concorrência (CF, art. 170, IV), se e quando as empresas governamentais explorarem atividade econômica em sentido estrito,

> não se aplicando, por isso mesmo, a disciplina prevista no art. 173, § 1º, da Constituição, às empresas públicas (Caso da Infraero), às sociedades de economia mista e às suas subsidiárias que se qualifiquem como delegatárias de serviços públicos. (Brasil, 2008c, p. 2)

De outro lado, na ADI n. 3.273, a Corte decidiu pela possibilidade de atuação da iniciativa privada na exploração do petróleo, por entender que a atividade petrolífera, na condição de atividade econômica em sentido estrito, sujeitar-se-ia ao regime próprio dessas atividades, do qual a livre concorrência é corolário, como restou consignado no respectivo acórdão:

> A existência ou o desenvolvimento de uma *atividade econômica* sem que a *propriedade do bem* empregado no processo produtivo ou comercial seja concomitantemente detida pelo agente daquela atividade não ofende a Constituição. O conceito de atividade econômica [enquanto atividade empresarial] prescinde da propriedade dos bens de produção. [...] A Petrobras não é prestadora de serviço público. Não pode ser concebida como delegada da União. Explora atividade econômica em sentido estrito, sujeitando-se ao regime jurídico das empresas privadas [§ 1º, II, do art. 173 da CB/88]. Atua em regime de competição com empresas privadas que se disponham a disputar, no âmbito de procedimentos licitatórios [art. 37, XXI, da CB/88], as contratações previstas no § 1º do art. 177 da Constituição do Brasil. (Brasil, 2007a, p. 2-3, grifo do original)

Com base na divergência aberta pelo Ministro Eros Grau, que diferenciou o exercício do monopólio, relacionado a uma dada atividade empresarial, e não à propriedade em si[34], a Corte reafirmou que a livre concorrência é postulado incidente sobre a prestação de atividades econômicas em sentido estrito. Assim, e em conformidade com esse entendimento adotado pelo STF, está inserido o caso da exploração do petróleo.

Firma-se, com isso, a interpretação do STF acerca do alcance do princípio da livre concorrência como vetor da Constituição Econômica de 1988, para garantir às atividades econômicas em sentido estrito a possibilidade de ampla competitividade com os demais atores econômicos do mercado interno.

---

34 Como explica Fabio Konder Comparato (1996, p. 148): "o monopólio, portanto, diz respeito a urna atividade empresarial, nada tendo a ver com o domínio e a propriedade".

3.4 A dimensão econômica da defesa do consumidor como princípio impositivo e a possibilidade de mitigação das normas consumeristas pelos tratados internacionais reguladores do transporte internacional

A defesa do consumidor integra, pela primeira vez na Carta de 1988, o catálogo dos princípios da Ordem Econômica brasileira, na forma do inciso V do art. 170 da Constituição do Brasil. Essa proteção está concatenada com o art. 5º, XXXII, da mesma Carta, que incumbiu ao Estado a proteção do consumidor como direito a ser concretizado. Demandou-se do Congresso Nacional a edição do regramento legislativo para essa finalidade, nos termos do art. 48 do Ato das Disposições Constitucionais Transitórias (Brasil, 1988b).

Vejamos esse conjunto normativo:

> Art. 5º Todos são iguais perante a lei, sem distinção de qualquer natureza, garantindo-se aos brasileiros e aos estrangeiros residentes no País a inviolabilidade do direito à vida, à liberdade, à igualdade, à segurança e à propriedade, nos termos seguintes:
>
> [...]
>
> XXXII – o Estado promoverá, na forma da lei, a defesa do consumidor;
>
> [...]
>
> Art. 170. A ordem econômica, fundada na valorização do trabalho humano e na livre iniciativa, tem por fim assegurar a todos existência digna, conforme os ditames da justiça social, observados os seguintes princípios:
>
> [...]
>
> V – defesa do consumidor; [...]. (Brasil, 1988a)
>
> Art. 48. O Congresso Nacional, dentro de cento e vinte dias da promulgação da Constituição, elaborará código de defesa do consumidor. (Brasil, 1988b)

A análise dessas normas, em sua totalidade, demonstra, nas palavras do Ministro Celso de Mello, na ADI n. 2.832 (Brasil, 2008b, p. 198, grifo do original), que "**a proteção** ao consumidor **e a defesa** da integridade de seus direitos **representam compromissos inderrogáveis** que o Estado brasileiro **conscientemente** assumiu", a ponto de ter sido duplamente assegurada, como direito fundamental (art. 5º) e como princípio estruturador da Ordem Econômica (art. 170).

Como elemento integrante da Constituição Econômica, a defesa do consumidor requer a criação de políticas públicas e legislativas destinadas à proteção da parte mais vulnerável da relação jurídica de consumo, dada sua presumida hipossuficiência.

Trata-se, nessa dimensão, de princípio de natureza impositiva, conforme a tipologia de Canotilho (2003, p. 1166-1167), que demanda efetiva atuação do Estado "mediante a implementação de específica normatividade e de medidas dotadas de caráter interventivo" (Grau, 2017, p. 247), capazes de promover a necessária proteção jurídica do consumidor em face do fornecedor, notadamente desiguais:

> Nos **princípios constitucionais impositivos** *subsumem-se todos os princípios que impõem aos órgãos do Estado, sobretudo ao legislador, a realização de fins e a execução de tarefas*. São, portanto, princípios dinâmicos, prospectivamente orientados. Estes princípios designam-se, muitas vezes, por "preceitos definidores dos fins do Estado" (assim Scheuner: *Staatszilbestimmungen*), "princípios directivos fundamentais" (Häfelin), ou "normas programáticas, definidoras de fins ou tarefas". [...] Traçam, sobretudo para o legislador, linhas rectrizes da sua actividade política e legislativa. (Canotilho, 2003, p. 1166-1167, grifos do original)

Não se trata de assumir algum comando constitucional como norma programática no sentido protelatório que se lhe atribuiu no Brasil, mas, sim, de reconhecer direitos fundamentais do consumidor, a tutela preferencial do consumidor como um direito fundamental e, adicionalmente, a necessidade da ação mais enérgica e detalhada do legislador (deveres dirigidos ao Estado). Assim, não se deixa de reconhecer, de imediato, a vulnerabilidade do consumidor nas relações de consumo, e o dever do próprio Poder Judiciário em atuar na sua defesa, reequilibrando as disputas entre fornecedores e consumidores.

É esse o sentido de o constituinte ter consagrado o consumidor como titular de direitos fundamentais. Ademais, determinando que a atuação do Estado sobre o domínio econômico seja voltada para a sua defesa, assume-se uma forma de neutralizar o abuso do poder econômico e o referido desequilíbrio nas relações de consumo típicas do capitalismo. Com isso, realiza-se a própria dignidade da pessoa humana (Grau, 2017, p. 245), fundamento da República e fim precípuo da Ordem Econômica brasileira, conforme os arts. 1º, III, e 170, *caput*, da CB[35-36].

Isso porque, para além da definição do art. 2º[37] do Código de Defesa do Consumidor – Lei n. 8.078, de 11 de setembro de 1990, o conceito de consumidor pressupõe a "posição de debilidade e subordinação estrutural em relação ao produtor do bem ou serviço de consumo", como explica Eros Grau (2017, p. 247), desequilíbrio que o Estado deve buscar mitigar ao disciplinar a economia, promovendo-lhe proteção e evitando que as relações de dominação, especialmente em economias periféricas, consolidem um cenário de atraso e exploração.

O comando emergente do art. 170, V, do texto constitucional, portanto, legitima a intervenção estatal na Ordem Econômica, especialmente por meio da ordenação das atividades destinadas à produção e à circulação de bens e de serviços em território nacional, de forma a assegurar a defesa do consumidor em todas as dimensões desse fenômeno.

Essa específica construção constitucional na positivação da tutela do consumidor impõe ao STF uma atenção igualmente diferenciada. É que, ao mesmo tempo em que se fala em direito fundamental, a Constituição remete a uma lei que estabeleça os direitos em espécie. É necessário harmonizar e traçar o exato funcionamento prático dessa modelagem.

Esse tipo de atuação do STF insere-se naquilo que se pode denominar *função estruturante* porque cabe ao STF exatamente discernir sobre o significado, dentro do sistema jurídico nacional, desse perfil constitucional das leis definidoras dos direitos do consumidor:

> O que o Tribunal Constitucional realiza, no exercício da denominada função estruturante, é a manutenção do edifício jurídico-normativo, consoante as diretrizes de funcionamento deste, constantes na Constituição. Trata-se da calibração do sistema, eliminando os elementos (normativo) indesejáveis (incongruentes), as práticas e omissões inconciliáveis com os comandos constitucionais. Não se busca, por meio dessa função, apenas impor o princípio da não contradição interna, mas, igualmente, obter um "funcionamento prático" do Ordenamento. (Tavares, 2005, p. 253)

---

35 "Art. 1º A República Federativa do Brasil, formada pela união indissolúvel dos Estados e Municípios e do Distrito Federal, constitui-se em Estado Democrático de Direito e tem como fundamentos: [...] III – a dignidade da pessoa humana; [...] Art. 170. A ordem econômica, fundada na valorização do trabalho humano e na livre iniciativa, tem por fim assegurar a todos existência digna, conforme os ditames da justiça social, observados os seguintes princípios: [...]" (Brasil, 1988a).

36 A referência à vida digna na Ordem Econômica da Constituição brasileira remonta à Constituição de Weimar e seu famoso capítulo sobre a Vida Econômica, arts. 151 a 165. (Cf. em Bercovici, 2007).

37 "Art. 2° Consumidor é toda pessoa física ou jurídica que adquire ou utiliza produto ou serviço como destinatário final" (Brasil, 1990b).

Do ponto de vista dos deveres e legitimidade normativa do Parlamento, a dimensão econômica do comando constitucional, na qualidade de princípio impositivo, justifica, pois, o estabelecimento de diversas obrigações a produtores e a fornecedores, cuja constitucionalidade fora reconhecida em inúmeras decisões do STF, na medida em que as respectivas normas, conquanto prevejam limitações ao exercício de certas atividades econômicas, destinam-se, em essência, à proteção do consumidor.

Nesse sentido, é da jurisprudência da Corte que "o princípio da livre iniciativa não pode ser invocado para afastar regras de regulamentação do mercado e de defesa do consumidor" (Brasil, 2018b), já que a livre iniciativa privada empresarial não é um superprincípio ou, nas palavras do Ministro Celso de Mello, "a liberdade de atuação e de prática negocial [...] não se reveste de caráter absoluto, pois o seu exercício sofre, necessariamente, os condicionamentos normativos impostos pela Lei Fundamental da República" (Brasil, 2008b, p. 202).

Na ADI n. 2.359[38], julgada em 2006, por exemplo, a Corte proclamou a constitucionalidade da Lei n. 5.652, de 26 de maio de 1998, do Estado do Espírito Santo, que disciplinava a comercialização de produtos acondicionados em vasilhames, recipientes ou embalagens reutilizáveis (Espírito Santo, 1998).

No ponto impugnado, a norma impunha diversos encargos às empresas distribuidoras de gás liquefeito de petróleo engarrafado (GLP), o gás de cozinha, obrigando-as a promover a requalificação dos botijões que reutilizassem, para colocar em destaque a sua marca, de maneira a não causar confusão ao consumidor:

> Art. 2.º O produtor, ou revendedor, que, observando as regras estabelecidas nesta lei, reutilizar do vasilhame, recipiente ou embalagem, deverá nele colocar em destaque a sua marca de maneira a não causar confusão ao consumidor.
>
> Art. 3.º Na comercialização de gás liquefeito de petróleo engarrafado (GLP), observar-se-ão as regras administrativas emanadas pela autoridade competente e os acordos firmados pelas empresas do setor, no que não contrariem a seguintes disposições:
>
> I – todas as empresas distribuidoras de GLP deverão promover a requalificação dos botijões que engarrafar, nos termos e prazos determinados pelas autoridades administrativas;
>
> II – os botijões recebidos pelas distribuidoras, no exercício de seu comércio, que não tenham estampada a sua própria marca, deverão obedecer ao seguinte regime:

38 ADI n. 2.359. Relator Ministro Eros Grau, julgamento em 27 set. 2006. Disponível em: <https://redir.stf.jus.br/paginadorpub/paginador.jsp?docTP=AC&docID=393960>. Acesso em: 18 fev. 2022.

> a) a empresa que receber tais botijões deverá cientificar a empresa titular da marca estampada no botijão do fato, a fim de se proceder a destroca, seja através do centro de destroca existente ou diretamente com a cientificada;
>
> b) se o titular da marca, ou o centro de destroca, não colocar à disposição os botijões para a destroca, ou se houver saldo não destrocado, vigorará o disposto no Art. 1.º e incisos, e Art. 2.º desta Lei, devendo, entretanto, a empresa que os engarrafar, apor no botijão um lacre à prova de fogo, identificando a própria marca;
>
> c) a utilização da faculdade prevista na alínea supra não exime a distribuidora de requalificar o botijão de outra marca que pretende engarrafar. (Espírito Santo, 1998)

Essa lei estadual buscava, portanto, permitir a reutilização dos botijões de gás, ainda que por empresa concorrente, garantindo ao consumidor "a plena liberdade em adquirir o produto de quem lhe aprouver", conforme seu art. 1º, *caput*, prestigiando-se, com isso, dois princípios da Ordem Econômica brasileira: a proteção do consumidor e do meio ambiente. O STF, no mesmo julgamento, ainda reafirmou a competência dos Estados-membros em tema diretamente relacionado à economia (produção e consumo).

A Confederação Nacional da Indústria (CNI), autora da demanda, alegava que a norma seria inconstitucional por afrontar o direito fundamental à proteção de marcas e a competência legislativa da União em matéria de direito comercial, respectivamente previstos nos arts. 5º, XXIX, e 22, I, da CB[39].

Ao julgar a ação improcedente, por maioria, o Supremo Tribunal Federal ressaltou que as diretrizes relativas à requalificação dos botijões, além de compreendidas na competência legislativa estadual, por força do art. 24, V[40], da mesma Carta, promovem a defesa do consumidor ao exigir da empresa que reutiliza o vasilhame a devida identificação de sua marca, esclarecendo o mercado sobre a origem do produto:

> A compra de gás da distribuidora ou seu revendedor é operada concomitantemente à realização de uma troca, operada entre o consumidor e o vendedor de

39 "Art. 5º Todos são iguais perante a lei, sem distinção de qualquer natureza, garantindo-se aos brasileiros e aos estrangeiros residentes no País a inviolabilidade do direito à vida, à liberdade, à igualdade, à segurança e à propriedade, nos termos seguintes: [...] XXIX – a lei assegurará aos autores de inventos industriais privilégio temporário para sua utilização, bem como proteção às criações industriais, à propriedade das marcas, aos nomes de empresas e a outros signos distintivos, tendo em vista o interesse social e o desenvolvimento tecnológico e econômico do País; [...]. Art. 22. Compete privativamente à União legislar sobre: [...] I – direito civil, comercial, penal, processual, eleitoral, agrário, marítimo, aeronáutico, espacial e do trabalho; [...]" (Brasil, 1988a).

40 "Art. 24. Compete à União, aos Estados e ao Distrito Federal legislar concorrentemente sobre: [...] V – produção e consumo; [...]" (Brasil, 1988a).

gás. Trocam-se botijões, independentemente de qual seja a marca neles forjada. E isso decorre da própria mecânica viabilizadora do dinamismo do mercado de que se cuida [...]. A lei hostilizada não está em confronto com qualquer preceito constitucional, limitando-se a estabelecer diretrizes atinentes à comercialização de produtos contidos em recipientes, embalagens, ou vasilhames, reutilizáveis. Diretrizes certamente adequadas às práticas de mercado, de sorte a prover a defesa do consumidor, dando concreção ao disposto no artigo 170, V, da Constituição do Brasil. (Brasil, 2006d, p. 189-190)

De igual forma, na Ação Direta de Inconstitucionalidade (ADI) n. 2.832 (Brasil, 2008b), julgada em 2008, o STF também reconheceu a constitucionalidade, embora parcial[41], da Lei n. 13.519, de 8 de abril de 2002, do Estado do Paraná, quanto à imposição às empresas produtoras de café da obrigatoriedade de incluir informações sobre a composição vegetal do produto nos rótulos das embalagens comercializadas naquele Estado:

> Art. 1º. Fica estabelecida a obrigatoriedade de informação, nos rótulos das embalagens de café comercializado no Paraná, da porcentagem de cada espécie vegetal de que se compõe o produto.
>
> § 1º. O produto comercializado o nome de café, independentemente de sua somente poderá ser produzido a partir espécies vegetais do gênero Coffea.
>
> § 2º. Nos casos em que se utilizarem grãos de plantas híbridas de diferentes espécies do gênero Coffea, especificar-se-á no rótulo do produto a participação percentual do híbrido.
>
> [...]
>
> Art. 4º. O regulamento desta lei estabelecerá, entre outros aspectos, os requisitos relativos a características sensoriais, físicas, químicas e microbiológicas, acondicionamento e higiene, os teores máximos de impurezas ou contaminantes admitidos, os planos de amostragem e os métodos de análise a serem observados. (Paraná, 2002)

A Corte afastou a alegação da Confederação Nacional da Indústria (CNI), novamente autora da ação, quanto à usurpação da competência legislativa privativa da União sobre a matéria e, mais ainda, quanto à suposta violação aos princípios

41 Declarou-se apenas a inconstitucionalidade da expressão "no Brasil" contida no art. 2º da Lei, que ampliava as restrições, por ela criadas, para alcançar o café comercializado em todo o território nacional, extrapolando, com isso, os limites da competência legislativa do ente federativo prolator da norma.

> da livre concorrência e do livre exercício da atividade econômica, consagrados no art. 170, inciso IV e parágrafo único[42] da Constituição do Brasil.

Apesar da dissidência aberta pelo Ministro Joaquim Barbosa, que entendia ser a regra do art. 1º, parágrafo 1º extremamente restritiva quanto à circulação de bens, entendeu-se, por maioria, estar essa lei estadual inserida na competência concorrente para legislar sobre produção e consumo, limitando-se a assegurar o direito à necessária informação acerca da composição de produtos comestíveis, com o que se concretizava o princípio da defesa do consumidor:

> Quanto à alegada violação aos incisos I e VIII do artigo 22 da Constituição, constato que a norma impugnada não usurpou competência da União para legislar sobre direito comercial e comércio interestadual. Isso porque o ato normativo impugnado tão-somente visou à proteção ao consumidor, informando-o sobre as características de produtos comercializados no Estado do Paraná. [...] Quanto à alegação de violação aos princípios constitucionais da livre iniciativa e da livre concorrência estampados no art. 170, IV, e parágrafo único da Constituição, melhor sorte não colhe a autora. É que a lei impugnada tem apenas o escopo de informar o consumidor quanto aos dados de produto por ele adquirido. Não se olvide, de resto, que o *inciso* V do citado artigo 170 da Constituição estabelece, como princípio da ordem econômica precisamente a defesa do consumidor. (Brasil, 2008b)

No mesmo sentido, também merece destaque a decisão proferida no Recurso Ordinário em Mandado de Segurança n. 23.732 (Brasil, 2010d), interposto pelo Sindicato dos Supermercados e Atacados de Autosserviços do Estado da Bahia, na qual a Corte manteve o ato do Ministro da Justiça que determinava a afixação de etiquetas indicativas de preço diretamente nas mercadorias expostas à venda. Esse ato fora impugnado sob a alegação de ser inconstitucional por violar, entre outros, os princípios da livre iniciativa e a livre concorrência.

Em sua decisão, o STF entendeu que a medida buscava justamente "realizar o postulado constitucional da defesa do consumidor, consagrado expressamente nos arts. 5º, XXXII, e 170, V, da CF/88" (Brasil, 2010d), não ofendendo nem mesmo a proporcionalidade.

De igual modo, na ADI n. 4.613 (Brasil, 2018b), a Corte proclamou a constitucionalidade das alterações introduzidas no Código de Trânsito Brasileiro pela Lei Federal n. 12.006, de 29 de julho de 2009 (Brasil, 2009c), que determinam a

---

42 "Art. 170. A ordem econômica, fundada na valorização do trabalho humano e na livre iniciativa, tem por fim assegurar a todos existência digna, conforme os ditames da justiça social, observados os seguintes princípios: [...] IV – livre concorrência; [...] Parágrafo único. É assegurado a todos o livre exercício de qualquer atividade econômica, independentemente de autorização de órgãos públicos, salvo nos casos previstos em lei" (Brasil, 1988a).

veiculação de mensagens educativas de trânsito em campanhas publicitárias de produtos da indústria automobilística, firmando o entendimento de que não se viola nem se restringe a livre iniciativa das empresas e, ademais, que a norma busca realizar a proteção ao consumidor com a cooperação da iniciativa privada, concretizando, no âmbito econômico, a função social da propriedade do capital e dos bens de produção (indústria automobilística). Vejamos trecho do voto:

> Assim, o direito do consumidor constitui um conjunto de normas destinado ao cumprimento de uma dupla determinação constitucional: promover a defesa dos consumidores (art. 5º, XXXII, da CF) e assegurar a tutela do consumidor como princípio geral da atividade econômica (art. 170, V, da CF). [...]. Entendo que o conteúdo da norma aqui impugnada não apresenta um caráter proibitivo ou limitador da liberdade de expressão, mas sim incorpora o caráter de efetivação dos preceitos constitucionais relativos à proteção do consumidor. Ao Estado cabe, como salientado acima, fomentar ações para assegurar a tutela dos interesses dos consumidores. [...] Trata-se, portanto, de exigência legal que, a par de encontrar respaldo formal no art. 220, § 3º, II, da CF/88, se encontra também em consonância com o princípio da função social da propriedade e, ainda, com o princípio da proteção ao consumidor, ambos direcionadores, nos termos do art. 170 da CF/88, da livre iniciativa. (Brasil, 2018b)

Reconheceu-se, no caso, a possibilidade de a lei estabelecer uma atuação conjunta e cooperativa entre Poder Público e o setor produtivo (empresas) na tutela do consumidor, cuja proteção consiste em "prerrogativa fundamental do cidadão [...] razão pela qual incumbe, a toda a coletividade – e ao Poder Judiciário, em particular – extrair, dos direitos assegurados ao consumidor, a sua máxima eficácia", como afirmou o Ministro Celso de Mello em seu voto na ADI n. 2.832 (Brasil, 2008b).

Nada obstante esses posicionamentos permissivos, a defesa do consumidor não é absoluta, característica que acompanha qualquer direito ou garantia constitucional, conforme já decidido, aliás, pelo próprio STF no Mandado de Segurança n. 23.452: "não há, no sistema constitucional brasileiro, direitos ou garantias que se revistam de caráter absoluto" (Brasil, 2000).

Isso significa que a legislação ordinária consumerista, ainda que editada com fundamento no princípio constitucional em apreço e elaborada com a intenção inequívoca de promover o consumidor, pode comportar limitações, por força do dogma de que não há direitos absolutos, como chegou observa expressamente Luís Roberto Barroso (2004, p. 110):

> Nas últimas décadas, o direito constitucional tem sido confrontado com o problema das restrições ao exercício de direitos positivados pelas Constituições

como fundamentais. Várias razões explicam esse fenômeno, embora não caiba investigá-las aqui. O que importa assinalar é o fato de que há relativo consenso no sentido de que os direitos não são absolutos. Não se admite, nessa linha, o exercício ilimitado das prerrogativas que cada direito pode facultar, principalmente quando se cuide de direitos veiculados sob a forma de normas-princípios.

Mas o tema das limitações comporta outra dimensão, igualmente constitucional, mas que não se refere apenas ao acertamento entre direitos consagrados como fundamentais ou à limitação do uso exponencial de um direito-princípio. Trata-se da hipótese de exceções pontuais, com disciplina específica, criadas pela própria Constituição.

É o que se dá, por exemplo, relativamente aos tratados internacionais (*versus* direitos concretizados em lei nacional) que disciplinam o transporte internacional, ratificados pelo Estado brasileiro, e que podem, por expressa previsão do art. 178 da Constituição brasileira, impor condicionamentos à legislação que desenvolve os direitos e a tutela constitucional do consumidor, que resta subordinada aos seus ditames:

> Art. 178. A lei disporá sobre a ordenação dos transportes aéreo, aquático e terrestre, devendo, quanto à ordenação do transporte internacional, observar os acordos firmados pela União, atendido o princípio da reciprocidade. (Brasil, 1988a)

Ao determinar o cumprimento das regras relativas ao transporte internacional pela legislação interna relativa à mesma temática, o dispositivo constitucional em apreço, que também integra a Constituição Econômica brasileira, impõe uma relação de superioridade hierárquica entre aqueles tratados internacionais e a norma ordinária nacional, que não pode alterar seu conteúdo (Cretella Júnior, 1990), senão respeitá-lo (Nascimento, 1997).

Daí porque se conclui que esses tratados ostentam caráter **supralegal** perante o ordenamento jurídico brasileiro (Pagliarini, 2012; Faraco, 2017), subordinando a legislação nacional respectiva (Aragão, 2018), como explica Celso Ribeiro Bastos:

> Por força do parágrafo sob comento, *os acordos aí ventilados têm uma força supralegal*, na medida em que fica ordenado o seu cumprimento, o que significa dizer que seu descumprimento só pode dar-se na forma do direito internacional, é dizer, com a denúncia da avença. [...] O que cumpre é deixar certo que, se de acordo de transporte internacional se tratar, a lei ordinária não poderá descumpri-lo, uma vez que parágrafo subordina a ordenação da matéria ao disposto na avença internacional. (Bastos, 1990, p. 178, grifo nosso)

Permite-se, com isso, que essa legislação internacional imponha restrições à regulamentação interna da matéria, inclusive no que diz respeito aos direitos dos consumidores do serviço de transporte aéreo internacional, como fazem os correspondentes tratados de que o Brasil é atualmente signatário.

Trata-se da Convenção de Varsóvia[43], ratificada em 1931, e seus sucessivos protocolos modificadores[44], de 1965 e 1998, e da Convenção de Montreal[45], ratificada em 2006, que veiculam normas uniformes sobre o transporte internacional aéreo, a serem observadas por todos os seus países signatários, de maneira recíproca.

No que diz respeito à responsabilidade das empresas transportadoras pela falha do serviço em questão, essas normas internacionais trazem restrições aos direitos consumeristas assegurados na legislação interna, prevendo prazo prescricional menor para a competente demanda indenizatória – dois anos[46], em vez dos cinco previstos no art. 27 do Código de Defesa do Consumidor[47] – e indenização tarifada para os casos de extravio de bagagem – correspondente a 1.000 direitos especiais de saque (Brasil, 2006a)[48], ao contrário da indenização integral do dano, garantida na mesma norma nacional (Brasil, 1990b)[49].

A validade das mitigações impostas por esses tratados à proteção do consumidor já foi objeto de intensa discussão no Poder Judiciário[50] e na Doutrina

---

43 Publicada pelo Decreto n. 20.704, de 24 de novembro de 1931 (Brasil, 1931).

44 Protocolo de Haia, de 1965, publicado pelo Decreto n. 56.463, de 15 de junho de 1965 (Brasil, 1965). Adicionais n. 1, 2 e 4, de 1998, publicados pelos Decretos n. 2.860 e n. 2.861, ambos de 7 de dezembro de 1998 (Brasil, 1998a; 1998b).

45 Publicada pelo Decreto n. 5.910, de 27 de setembro de 2006 (Brasil, 2006a).

46 Conforme seu art. 29.1: "Artigo 29. (1) A acção de responsabilidade deverá intentar-se, sob pena de caducidade, dentro do prazo de dois annos, a contar da data de chegada, ou do dia, em que a aeronave, devia ter chegado a seu destino, ou do da interrupção do transporte" (Brasil, 1931).

47 No art. 27 da Lei n. 8.078/1990 (CDC): "Art. 27. Prescreve em cinco anos a pretensão à reparação pelos danos causados por fato do produto ou do serviço prevista na Seção II deste Capítulo, iniciando-se a contagem do prazo a partir do conhecimento do dano e de sua autoria" (Brasil, 1990b).

48 De acordo com o art. 22.2 do Decreto 5.910/2006: "Artigo 22. Limites de Responsabilidade Relativos ao Atraso da Bagagem e da Carga. [...] 2. No transporte de bagagem, a responsabilidade do transportador em caso de destruição, perda, avaria ou atraso se limita a 1.000 Direitos Especiais de Saque por passageiro, a menos que o passageiro haja feito ao transportador, ao entregar-lhe a bagagem registrada, uma declaração especial de valor da entrega desta no lugar de destino, e tenha pago uma quantia suplementar, se for cabível. Neste caso, o transportador estará obrigado a pagar uma soma que não excederá o valor declarado, a menos que prove que este valor é superior ao valor real da entrega no lugar de destino" (Brasil, 2006a).

49 Como prevê o art. 14 do CDC: "Art. 14. O fornecedor de serviços responde, independentemente da existência de culpa, pela reparação dos danos causados aos consumidores por defeitos relativos à prestação dos serviços, bem como por informações insuficientes ou inadequadas sobre sua fruição e riscos" (Brasil, 1990b).

50 Apenas no STF, vide, por exemplo, os seguintes julgados: Recurso Extraordinário n. 214.349, Relator Ministro Moreira Alves, julgamento em 13 abr. 1999; Recurso Extraordinário n. 172.720, Relator Ministro Marco Aurélio, julgamento em 21 fev. 1997; Recurso Extraordinário n. 351.750, Relator Ministro Marco Aurélio, julgamento em 17 mar. 2009; Recurso Extraordinário n. 297.901, Relatora Ministra Ellen Gracie, julgamento em 31 mar. 2006; Recurso Extraordinário com Agravo n. 766.618, Relator Ministro Roberto Barroso, julgamento em 25 maio 2017. Disponíveis em: <www.stf.jus.br>. Acesso em: 23 fev. 2022.

nacionais, cujo entendimento é majoritariamente favorável à prevalência da norma nacional[51].

Relativamente ao primeiro conflito, no Recurso Extraordinário n. 297.901, julgado em 2006, o Supremo Tribunal Federal decidiu pela prevalência da Convenção de Varsóvia quanto ao prazo prescricional de dois anos para a pretensão indenizatória, frente ao prazo de cinco anos previsto no Código de Defesa do Consumidor, com fundamento no art. 178 da Constituição do Brasil:

> na hipótese ora em julgamento, cabe observar que o art. 178 da Constituição Federal de 1988 expressamente estabeleceu que, quanto à ordenação do transporte internacional, a lei observará os acordos firmados pela União. Assim, embora válida a norma do Código de Defesa do Consumidor quanto aos consumidores em geral, no caso de contrato de transporte internacional aéreo, em obediência à norma constitucional antes referida, prevalece o que dispõe a Convenção de Varsóvia, que determina prazo prescricional de dois anos, não o de cinco anos, do Código de Defesa do Consumidor. (Brasil, 2006g)

Nada obstante essa decisão, em 2009, no Recurso Extraordinário n. 351.750, proposto pela Varig S/A, a Corte manteve a decisão da Primeira Turma Recursal do Juizado Especial do Rio de Janeiro que havia afastado a aplicação da Convenções de Varsóvia e de Montreal (Brasil, 2009d). Confirmou-se, assim, a condenação da empresa ao pagamento de indenização por danos morais no montante de 40 salários-mínimos com base no Código de Defesa do Consumidor.

Nesse caso, com base na dissidência instaurada pelo Ministro Eros Grau, que dava provimento ao recurso para que se assegurasse, em seu entendimento, as normas internacionais, prevalentes, sobre a legislação consumerista nacional, os Ministros Cezar Peluso e Ayres Britto apresentaram voto-vista pela primazia da legislação consumerista, tendo a Corte, ao final, não conhecido do recurso, por entender que não havia afronta direta à Constituição, entendendo-se que o caso configuraria apenas conflito entre normas subconstitucionais.

Apesar disso, o acordão enfrentou a problemática atinente ao aparente conflito entre o Código de Defesa do Consumidor e os tratados internacionais sobre transporte aéreo, concluindo pela prevalência da norma nacional sobre tais convenções naquilo que fosse mais favorável ao consumidor, por entender que, a despeito do disposto no art. 178 da CB, o princípio constitucional da defesa do consumidor afastava a aplicação do Código Brasileiro de Aeronáutica e da Convenção de Varsóvia, por ser princípio incidente em todo o capítulo constitucional da atividade econômica:

---

51 A esse respeito, Aziz Tuffi Saliba e Alexandre Rodrigues de Souza (2017) apresentam interessante análise das posições doutrinárias nacionais e internacionais acerca da temática, analisando, ainda, decisões de Cortes internacionais e supranacionais sobre a matéria.

> 1. O princípio da defesa do consumidor se aplica a todo o capítulo constitucional da atividade econômica. 2. Afastam-se as normas especiais do Código Brasileiro da Aeronáutica e da Convenção de Varsóvia quando implicarem retrocesso social ou vilipêndio aos direitos assegurados pelo Código de Defesa do Consumidor. [...] a defesa do consumidor, além de direito fundamental (art. 5º, inciso XXXII), é princípio geral de toda a atividade econômica. E é sobre esse prisma que deve ser examinado o artigo 178 da nossa Lei das Leis. [...] É dizer: tendo o direito do consumidor *status* de princípio constitucional, não é dado a outras disposições legais restringir indenizações por mau uso do serviço. [...] É por isso que a aplicação de um ou de outro diploma legal deve ser feita caso a caso. Daí que a Convenção de Varsóvia e o Código Brasileiro de Aeronáutica possam receber aplicações, desde que não violem de forma retrocedente os direitos do consumidor. (Brasil, 2009d)

Foi em 2017, contudo, que o STF modificou esse entendimento, no julgamento do Recurso Extraordinário com repercussão geral n. 636.331 (Brasil, 2017b). Nele, se discutia a incidência e a prevalência de limites estabelecidos nas Convenções de Varsóvia e de Montreal para a fixação da indenização decorrente de extravio de bagagem em voos internacionais, em oposição ao regramento do Código de Defesa do Consumidor. Fixou-se, no caso, a seguinte tese:

> Tema 210. Fixação da tese: Nos termos do art. 178 da Constituição da República, as normas e os tratados internacionais limitadores da responsabilidade das transportadoras aéreas de passageiros, especialmente as Convenções de Varsóvia e Montreal, têm prevalência em relação ao Código de Defesa do Consumidor. (Brasil, 2017c)

A Corte, portanto, reconheceu a possiblidade de mitigação da defesa do consumidor pelos tratados internacionais reguladores do transporte internacional, que prevalecem sobre o Código de Defesa do Consumidor, apesar de oferecerem uma menor retribuição patrimonial (em nenhum momento, porém, se fala da possibilidade de afastar-se totalmente a tutela do consumidor).

O recurso havia sido interposto pela empresa Air France contra decisão do Tribunal de Justiça do Rio de Janeiro, que negava aplicação à Convenção de Varsóvia, e determinara que fosse a reparação estipulada com base no Código de Defesa do Consumidor, que oferece maior proteção.

A Corte entendeu ser aplicável o limite indenizatório estabelecido naqueles tratados em razão da sua especialidade em relação às normas consumeristas, sem reconhecer, portanto, a supralegalidade da legislação convencional sobre a matéria. Com isso se ignorou a discussão central, que remete, necessariamente, à Constituição e ao art. 178.

O STF deixou de exercer seu papel de defensor da Constituição, apesar de não ter negado jurisdição, no caso. Ser defensor da Constituição, certamente, não se confunde com decidir favoravelmente a todo e qualquer direito fundamental invocado. Trata-se de conceder unidade ao ordenamento jurídico, com base em especificidades concretas, com base na riqueza das situações da vida. Era dever do STF ter fixado a interpretação, para o caso, do art. 178, indicando o alcance desse dispositivo na Ordem Econômica.

Trata-se da função interpretativa da Corte, que, no caso, funde-se também com a função estruturante (neste item, anteriormente mencionada), ambas renegadas ao se preferir o caminho da especialidade das normas internacionais. Certamente, esse encaminhamento não elimina o retorno do tema à Corte, especialmente em virtude de eventual norma futura mais específica, embora nacional. Fica certo que o STF optou por exercer o que vem sendo chamado de *minimalismo*, evitando enfrentar determinados temas e deixando de fixar seu entendimento quando uma alternativa mais simples seja suficiente para encerrar o debate concreto. No caso, isso só pode ser realizado com prejuízo para a função básica de defensor da Constituição (art. 102, *caput*, CB).

Não se trata, em nosso entender, de conflito entre lei especial e lei geral, mas entre norma internacional superior, que protege o consumidor em patamares equânimes em relação aos demais países signatários dos mesmos tratados, e norma nacional ordinária, hierarquicamente inferior àqueles tratados, que traz proteção geral ao consumidor no âmbito das relações jurídicas internas.

A aplicação dessas Convenções internacionais, com base no art. 178 da CB, portanto, não representa afronta ou desprestígio à defesa do consumidor, senão verdadeira compatibilização de dois comandos igualmente constitucionais – um que determina a proteção do consumidor, seja como direito fundamental, seja como princípio geral de toda a atividade econômica, e outro que outorga *status* supralegal aos tratados internacionais sobre transporte aéreo, como meio para que essas normas sejam efetivamente observadas no plano interno, prestigiando, assim, a decisão do país de a elas se submeter.

Não se vislumbra, pois, qualquer inconstitucionalidade decorrente da mitigação operada por aquelas Convenções, já que a própria Constituição faz a ressalva, privilegiando, nesse caso, os compromissos internacionais com que o país pactuar, quando compatíveis com a proteção constitucional do consumidor.

A adesão a acordos internacionais é também expressão da soberania estatal, que, no âmbito de sua plena capacidade para decidir, sem interferências externas, sobre as regras que devem reger as relações jurídicas em seu território, opta, livre e soberanamente, por se comprometer a certas normas internacionais, assumindo perante outros Estados, pois, a obrigação de lhes promover observância interna. Essa opção soberana, no caso brasileiro, no tema da responsabilidade das transportadoras aéreas de passageiros, encontra expressa hierarquização constitucional. De maneira que o cumprimento dos tratados internacionais ratificados pelo país, antes de fragilizar a ordem nacional, apenas confirma sua decisão soberana quanto sua adesão àquelas normas (Saldanha, 2015).

Ademais, deve-se recordar que nem mesmo a existência de normas internas que contradigam um compromisso externo assumido perante outros países pode eximir o Estado, no plano internacional, de honrar esses acordos e eventualmente ser responsabilizado pelo seu não cumprimento, como estabelece o art. 27 da Convenção de Viena sobre o Direito dos Tratados, de que o Brasil também é signatário: "Artigo 27. Direito Interno e Observância de Tratados. Uma parte não pode invocar as disposições de seu direito interno para justificar o inadimplemento de um tratado. Esta regra não prejudica o artigo 46" (Brasil, 2009b).

A aplicação do art. 178 da Constituição do Brasil, portanto, não atinge o campo constitucional da defesa do consumidor, inclusive porque aqueles tratados oferecem proteção em patamares equânimes relativamente a todos os países membros, trazendo segurança jurídica a essas relações (Tavares; Faraco; Matsushita, 2021), além de privilegiar os compromissos internacionais pactuados pelo Estado brasileiro.

Com isso, protege-se o consumidor inclusive contra eventual abuso do poder econômico, caracterizado pelo possível aumento arbitrário das passagens aéreas como forma de dirimir os riscos de indenizações incertas. Afinal, o intervencionismo econômico característico do Estado Social também encontra entre suas finalidades a redução de incertezas, como se dá no caso. Foi esse o entendimento do Ministro Eros Grau em seu voto no Recurso Extraordinário n. 351.750:

> Habermas examina muito bem a evolução dos modos de atuação estatal sobre o domínio econômico, isso que se chama intervencionismo econômico; o que na verdade é uma exigência do próprio mercado; como não há mercado sem regras que permitam a segurança e a certeza na circulação mercantil, o Estado é um redutor de incertezas; quando o Estado intervém, está simplesmente assegurando a fluência da circulação mercantil. Em um momento mais avançado, o que faz o Estado? Passa a absorver determinadas deseconomias de escala e a compensar determinadas distorções. (Brasil, 2009d)

A importância do reconhecimento do *status* supralegal desses tratados, para além da decisão do STF no RE n. 636.331 (Brasil, 2017b), que se limitou ao reconhecimento da sua especialidade, é a de compreender o alcance do art. 178, que também integra a Ordem Econômica brasileira, servindo, pois, de parâmetro determinante para a solução de antinomias supervenientes (Tavares; Faraco; Matsushita, 2021).

Nessa perspectiva, os tratados internacionais sobre transporte internacional sempre prevalecerão sobre a legislação nacional correlata, independentemente de ser ela mais específica ou posterior. Afasta-se, com isso, a ideia de que o princípio constitucional que impõe a defesa do consumidor impede qualquer tipo de limitação ou mesmo a derrogação do Código de Defesa do Consumidor por norma mais restritiva, como observado pelo Ministro Gilmar Mendes em seu voto:

> Em primeiro lugar, é fundamental afastar o argumento segundo o qual o princípio constitucional que impõe a defesa do consumidor (art. 5º, XXXII, e art. 170, V, da Constituição Federal) impediria qualquer sorte de derrogação do Código de Defesa do Consumidor por norma mais restritiva, ainda que por lei especial. (Brasil, 2017b)

Compreende-se, portanto, a possibilidade de conformação das normas ordinárias protetivas do consumidor, fundadas no princípio constitucional em apreço, por norma de caráter igualmente constitucional, também norteadora da Constituição Econômica brasileira, que, para além do decidido pela Corte no recurso analisado, estabelece verdadeira superioridade hierárquica a esses tratados, permitindo as restrições em causa, bem como outras que venham a ser identificadas, desde que não signifiquem desamparo ao consumidor, exatamente como se verifica neste caso.

Na qualidade de norma de caráter aberto e amplo da Ordem Econômica brasileira, portanto, a proteção do consumidor demanda a atuação do Estado por meio de políticas públicas e econômicas que assegurem a tutela dos direitos consumeristas, observadas eventuais mitigações previstas na legislação internacional, desde que não desprotejam o consumidor.

3.5 A obrigatoriedade da intervenção estatal em sede de meio ambiente como condição para o desenvolvimento econômico sustentável: o caso da importação de pneus usados

A Constituição do Brasil de 1988 inovou ao incluir, entre os princípios norteadores da Ordem Econômica, a tutela de direitos metaindividuais[52], ou de terceira dimensão[53], como valores aptos a legitimar a conformação do exercício de atividades econômicas privadas pelo Estado. Previu-se, assim, a proteção do consumidor, examinada no tópico precedente, e do meio ambiente, que não constavam dos textos constitucionais anteriores.

Aliás, essa foi a primeira Carta na experiência constitucional brasileira a conferir especial proteção ao meio ambiente, não apenas relativamente à Ordem Econômica (art. 170, VI), mas também de forma específica. Dedicou-lhe, assim, capítulo próprio (Capítulo VI do Título VIII), atribuindo sua defesa ao Poder

52 A categoria dos interesses metaindividuais, também denominados *transindividuais*, intersubjetivos ou coletivos *lato sensu*, intermediária (cf. Mazzilli, 2007, p. 48) entre os tipicamente privados ou públicos, que são titularizados com exclusividade por indivíduos ou pelo Estado segundo a tradicional conceituação subjetivista dos interesses jurídicos, desenvolveu-se a partir dos estudos de Mauro Cappelletti (1975) com a identificação de que certos interesses jurídicos extrapolam as esferas estritamente privada ou pública, alcançando toda uma coletividade (interesses ou direitos coletivos) ou mesmo um número indeterminado de pessoas (interesses ou direitos difusos), sem com isso caracterizar verdadeiro interesse público (cf. Faraco; Aceti Junior; Boreggio Neto, 2008). O Código de Defesa do Consumidor também incluiu os interesses individuais homogêneos entre as espécies de interesses metaindividuais, conforme seu art. 81, Parágrafo único, III, que, embora titularizados por um grupo de pessoas, dada sua origem comum, podem ser tutelados tanto individualmente, já que divisíveis, ou de forma coletiva, quando forem relevantes para a sociedade (Smanio, 2007, p. 6). Nesta classificação, o meio ambiente é considerado interesse difuso, de natureza indivisível e com titulares indeterminados, daí porque sua tutela incumbe tanto à coletividade como ao Poder Público, como prevê o *caput* do art. 225 da CB, inclusive por meio de ação específica para tal finalidade, a ação civil pública (cf. art. 129, III, da CB e Lei Federal n. 7.347/1985).

53 Preferimos a concepção "dimensões" em vez da usual "gerações" para referência à tipologia clássica dos direitos fundamentais, especialmente por não traduzir a indevida ideia de que uma categoria substitui a outra no tempo, contida na segunda expressão (cf. Miranda, 2000, p. 24; Tavares, 2022, p. 360). Nessa perspectiva, os direitos de terceira dimensão, entre os quais o direito ao meio ambiente equilibrado, assistem a todo o gênero humano, materializando "poderes de titularidade coletiva atribuídos, genericamente, e de modo difuso, a todos os integrantes dos agrupamentos sociais", de forma a consagrar o princípio da solidariedade, segundo definiu o Ministro Celso de Mello em seu voto na ADI n. 3.540-MC (Relator Ministro Celso de Mello, julgamento em 1º set. 2005. Brasil, 2006f. Disponível em: <https://jurisprudencia.stf.jus.br/pages/search/sjur94859/false>. Acesso em: 23 fev. 2022).

Público, à coletividade (art. 225, *caput*) e ao Ministério Público (art. 129, III), além da possibilidade de sua tutela também por meio da ação popular, titularizada pelo cidadão (art. 5º, LXXIII).

Não poderia ser diferente, já que não há como conceber o desenvolvimento econômico buscado pela mesma Constituição sem a concomitante preservação dos recursos naturais. Estes devem ser utilizados para o atendimento das relações mercantis e de consumo, desde que de maneira sustentável, como condição para a própria realização da dignidade da pessoa humana, valor essencial da Ordem Econômica inaugurada em 1988 (Grau, 2017, p. 248-249). "Em outras palavras, não se deve conferir ao meio ambiente um tratamento em sentido diverso daquele presente na Constituição, ou seja, contra o meio social e o próprio ser humano. O fundamento (e finalidade) do Direito é o ser humano" (Tavares, 2011, p. 187).

Todos esses fatores legitimam a (forte) presença do Estado na economia para garantir a proteção ambiental, exatamente como prevê a Constituição do Brasil (art. 170, VI), seja como agente fiscalizador, seja como normatizador, seja, ainda, como agente apto a realizar um planejamento sustentável.

Isso significa que o desenvolvimento nacional preconizado no art. 3º, II, da CB deve caminhar "entre as exigências da economia e as da ecologia" (ADI n. 3.540-MC. Brasil, 2006f), equilíbrio que resulta justamente na noção de desenvolvimento sustentável cunhada pela Comissão Mundial sobre o Meio Ambiente e Desenvolvimento, constituída pela Organização das Nações Unidas, no relatório Nosso Futuro Comum, conhecido como *Relatório Brundtland*, de 1987. Em outras palavras, "a fatura econômica não pode ser resgatada com a saúde humana nem com a deterioração ambiental para esta e para futuras gerações", como afirmou a Ministra Cármen Lúcia, relatora da ADPF n. 101 (Brasil, 2012).

A preservação do meio ambiente, tal como assegurada pela Constituição do Brasil de 1988, não significa, desse modo, estagnação econômica, senão "que os atos de exploração não serão aqueles permitidos na forma do Direito comum, mas sim, através de uma série de medidas de preservação", nas palavras do Ministro Nelson Jobim na ADI n. 3.540-MC (Brasil, 2006f), já que a sucessiva degradação dos recursos ambientais impactará o próprio potencial de crescimento econômico do país, impedindo o desenvolvimento que o Estado brasileiro assume como objetivo fundamental.

Parte-se, pois, da compreensão de que a adoção de práticas econômicas dissociadas da proteção do meio ambiente coloca em risco a própria vida (Bastos, 1990, p. 31), mostrando-se, assim, contrária à finalidade precípua da Constituição Econômica brasileira, que é a de assegurar existência digna a todos, permitindo o pleno desenvolvimento de "todas as suas potencialidades em clima de dignidade e de bem-estar" (Brasil, 2006f), o que demanda seja a regulação estatal das atividades econômicas instrumento necessário a coibir a sua destruição.

É preciso explicitar um pouco mais esse enlace entre o meio ambiente na Constituição e a dignidade da pessoa humana. É por isso que se fala

> em Direito ambiental econômico, de um princípio de extrema importância, que é o da ubiquidade. Consoante este princípio, qualquer atividade a ser desenvolvida há de estar vocacionada para a preservação da vida e, portanto, do próprio meio ambiente. Em última instância, trata-se do retorno ao princípio da dignidade da pessoa humana, guia também na compreensão do alcance do princípio da proteção ambiental. (Tavares, 2011, p. 188)

É certo que o modelo capitalista adotado pelo texto constitucional de 1988 está pautado sob a tríade propriedade privada (especialmente dos bens de produção), apropriação do excedente (e legitimidade do lucro) e liberdade econômica do agente privado (basicamente a liberdade de iniciativa e a de concorrência), princípios, contudo, que não podem ser compreendidos como traduzindo garantias absolutas aos agentes econômicos, porque estão condicionados à realização de valores de idêntica estatura constitucional, fundamentais à concretização da dignidade da pessoa humana e do desenvolvimento pleno da sociedade, para cujo cumprimento justamente se autoriza a intervenção estatal, entre os quais se encontra a defesa do meio ambiente, essencial à sadia qualidade de vida.

É dessa maneira que o STF vem interpretando o alcance dos princípios informadores da Constituição Econômica brasileira, como se verificou no voto do Ministro Celso de Mello na ADI n. 2.832[54]:

> Os agentes econômicos **não têm**, nos princípios da liberdade de iniciativa **e** da livre concorrência, instrumentos de proteção incondicional. Esses postulados constitucionais – **que não ostentam valor absoluto** – **não criam, em torno dos organismos empresariais, qualquer círculo de imunidade** que os exonere **dos gravíssimos** encargos cuja imposição, **fundada** na supremacia do bem comum e do interesse social, **deriva** do texto **da própria** Carta da República. (Brasil, 2008b, grifo do original)

A fórmula geral do princípio, consagrada pelo Constituinte originário como "defesa do meio ambiente", foi alterada, em 2003, pela Emenda Constitucional n. 42, que lhe atribuiu o seguinte complemento: "inclusive mediante tratamento diferenciado conforme o impacto ambiental dos produtos e serviços e de seus processos de elaboração e prestação" (Brasil, 2003).

Permite-se, assim, que a conformação das atividades econômicas em prol da proteção do meio ambiente assuma gradações distintas, de acordo com os prejuízos que lhe sejam inerentes, sem que isso signifique violação à isonomia,

---

54 Em que se discutia a realização do princípio da proteção do consumidor por meio da conformação do exercício de atividades econômicas, conforme analisado na Seção 3.4, supra.

senão que aquelas atividades sejam viabilizadas mediante a máxima mitigação dos possíveis riscos aos bens ambientais. A Constituição autoriza, desse modo, a severa intervenção estatal para proteger os recursos naturais quando as consequências ambientais das atividades conformadas por essa via também o forem.

É o que se colhe da lição de Eros Grau (2017, p. 248): "A Constituição, destarte, dá vigorosa resposta às correntes que propõem a exploração predatória dos recursos naturais, abroqueladas sobre o argumento, obscurantista, segundo o qual as preocupações com a defesa do meio ambiente envolvem proposta de 'retorno à barbárie'".

Isso significa que "o risco de danos ao meio ambiente, aparentemente justificado, deve prevalecer sobre o interesse econômico, que pode ser compensado de outras formas", como argumentou o Ministro Joaquim Barbosa na ADPF n. 101 (Brasil, 2012). Sabe-se, contudo, que, para além da proteção do meio ambiente, a Ordem Econômica brasileira é igualmente informada por outros princípios, cuja concretização simultânea e permanente impõe limitações recíprocas, como já afirmamos. Daí porque se deve buscar a conformação do desempenho das atividades econômicas potencialmente lesivas ao meio ambiente, sem, com isso, impedir completamente a sua realização, como entendeu o Ministro Barroso, Relator do RE n. 519.778[55].

Assim, a compatibilização entre o desenvolvimento econômico e a proteção do meio ambiente demandada pela Constituição pode ser alcançada, por exemplo, por meio de exigências concretas, capazes de reduzir os riscos ou danos ambientais, ponderação que deve sempre nortear a atuação do Estado na economia, exatamente como demanda a conjugação dos princípios previstos no art. 170 entre si e dos valores consagrados nos arts. 1º e 3º da CB.

É essa, aliás, a orientação contida no Princípio 15 da Declaração do Rio sobre Meio Ambiente e Desenvolvimento, proveniente da ECO-92 e aprovada pela ONU no mesmo ano:

> Com o objetivo de proteger o meio ambiente, o princípio da precaução deve ser amplamente aplicado pelos Estados, de acordo com suas capacidades. Quando houver perigo de danos graves ou irreversíveis, a ausência de certeza científica absoluta não deve ser usada como motivo para adiar a adoção de medidas econômicas viáveis para prevenir a degradação ambiental. (ONU, 1993, p. 3)[56]

---

55 RE n. 519.778. Relator Ministro Roberto Barroso, julgamento em 3 mar. 2014. Disponível em: <http://portal.stf.jus.br/processos/downloadPeca.asp?id=203807430&ext=.pdf>. Acesso em: 23 fev. 2022.

56 Tradução nossa, do original: "Principle 15: In order to protect the environment, the precautionary approach shall be widely Applied by States according to their capabilities. Where there are threats of serious or irreversible damage, lack of full scientific certainty shall not be used as a reason for postponing cost-effective measures to prevent environmental degradation".

Eros Grau (2017, p. 248) qualifica a proteção do meio ambiente, em sua dimensão econômica, como princípio impositivo, conforme a classificação de Canotilho (2003, p. 1166-1167), o que significa dizer que tal comando dirige a atividade política e normativa do Estado, com vistas à tutela dos bens ambientais, estabelecendo, pois, a "obrigatoriedade da intervenção estatal em sede de meio ambiente" (Souza, 2007, p. 25). Nessa medida, a norma demanda a formulação de política públicas e legislativas que condicionem o exercício de atividades econômicas potencialmente lesivas à necessária preservação ambiental.

O art. 170, VI, da CB, portanto, consagra a preservação do meio ambiente como limitação constitucional explícita à atividade econômica, como entendeu o STF na Medida Cautelar na ADI n. 3.540, em que se assentou: "a atividade econômica não pode ser exercida em desarmonia com os princípios destinados a tornar efetiva a proteção ao meio ambiente" (Brasil, 2006f).

Tratava-se de pedido apresentado pela Procuradoria-Geral da República (PGR) para invalidar, por vício de forma[57], a Medida Provisória n. 2.166-67, de 24 de agosto de 2001, que alterava as regras do antigo Código Florestal brasileiro relativas ao regime de autorização administrativa dos órgãos ambientais para a supressão de vegetação natural em área de preservação permanente. Embora indeferida ao final[58], a medida suscitou a análise da dimensão econômica do princípio da proteção do meio ambiente pela Corte.

Sob a Relatoria do Ministro Celso de Mello, entendeu-se, por maioria[59], que a nova redação do art. 4º da Lei Federal n. 4.771/1965, dada pela norma questionada, ao contrário de comprometer o patrimônio ambiental, estabelecia mecanismos aptos a permitir o controle estatal da exploração de áreas de preservação permanente, impedindo ações predatórias e lesivas ao meio ambiente, de forma compatível com o texto constitucional.

No que diz respeito ao alcance da preservação do meio ambiente como princípio norteador da Ordem Econômica brasileira, a Corte reconheceu que o art. 170, VI, da CB, consagra de maneira ampla esse comando, incluindo as noções de meio

---

57 A PGR entendeu que, por ter sido veiculada por Medida Provisória, a norma violava o art. 225, parágrafo 1º, III, da CB, que exige, segundo o entendimento do órgão, lei específica e em sentido formal, emanada do Poder Legislativo e conforme o devido processo legislativo, para autorizar a alteração ou a supressão dos espaços territoriais especialmente protegidos.

58 Apreciado *ad referendum* do Plenário pelo então Presidente da Corte, Ministro Nelson Jobim, durante o período de recesso forense, o pedido de medida cautelar fora inicialmente concedido para suspender a eficácia da Medida Provisória n. 2.166-67/2001. Posteriormente, a ação foi distribuída à relatoria do Ministro Celso de Mello, que, acompanhado pela maioria, votou pela improcedência do pedido, restaurando a vigência da norma.

59 Divergindo, com a preocupação de que a norma permitisse de maneira ampla a supressão da vegetação, levando à desertificação, o Ministro Carlos Britto propôs a aplicação da técnica decisional da interpretação conforme "para deixar claro que essa autorização não significa, em nenhum modo, desnaturar o espaço e, muito menos, extirpá-lo ou extingui-lo" (Brasil, 2006d).

ambiente natural, cultural, artificial e laboral como conformadoras dos espaços da atuação econômica, nos termos do voto do relator, Ministro Celso de Mello:

> a **incolumidade** do meio ambiente **não pode ser comprometida** por interesses empresariais **nem ficar dependente** de motivações de índole **meramente** econômica, **ainda mais se se tiver presente** – tal como adverte Paulo De Bessa Antunes ("**Direito Ambiental**", p. 63, item n. 2.1, 7ª ed., 2004, Lumen Juris) – **que a atividade econômica**, considerada a disciplina constitucional que a rege, **está subordinada**, dentre **outros** princípios gerais, **àquele que privilegia** a "*defesa do meio ambiente*" (CF, art. 170, VI), **que traduz** conceito amplo **e** abrangente das noções de meio ambiente natural, de meio ambiente cultural, de meio ambiente artificial (espaço urbano) e de meio ambiente laboral, **consoante ressalta** o magistério doutrinário. (Brasil, 2006f, grifo do original)

Isso significa, ainda nas palavras do Ministro Celso de Mello, que, embora a Constituição autorize a interferência humana no meio ambiente com propósitos empresariais, a exploração econômica dos recursos naturais deverá ser condicionada pelo Poder Público de forma a não causar a destruição irreparável dos bens ambientais. É esse o sentido do princípio enunciado no art. 170, VI, da CB, segundo o entendimento da Corte nesse caso.

A mesma premissa de que deve haver a compatibilização entre o desenvolvimento econômico e a proteção do meio ambiente conferiu a tônica do julgamento da ADPF n. 101 pela Corte, em 2009 (Brasil, 2012).

A ação, proposta pelo Presidente da República, teve por objetivo evitar e reparar a lesão aos preceitos fundamentais relativos ao meio ambiente ecologicamente equilibrado e ao direito à saúde consubstanciada em decisões judiciais autorizativas da importação de pneus usados, contrárias a diversos atos normativos federais expressamente proibitivos dessa prática.

O autor sustentou a inexistência de meio eficaz para a completa eliminação dos resíduos de pneus usados sem riscos ao meio ambiente. Alegou, ainda, que a incineração, forma de descarte mais usual, produz gases comprovadamente tóxicos à saúde humana e ao meio ambiente, e que os demais métodos de descarte existentes, além de extremamente custosos, não reduzem os danos à saúde e ao meio ambiente de forma significativa. Ademais, argumentou que o Brasil não permite o descarte dos pneumáticos em aterros sanitários, já que o método compromete a integridade das instalações dos aterros, sendo que o depósito de pneus ao ar livre é causa frequente de incêndios de grandes proporções, pois a sua queima é lenta, permitindo, ainda, a proliferação de mosquitos transmissores de doenças tropicais, como dengue, malária e febre amarela, o que também ameaça a saúde da população local.

Já a defesa elaborada para sustentar a importação de pneus usados foi essencialmente pautada nos valores da liberdade econômica (plena) e um uso inadequado da cláusula da busca do pleno emprego, ao argumento de que os pneus importados são aproveitados como matéria-prima por diversas empresas, gerando empregos diretos e indiretos. Também foi suscitada ofensa à isonomia[60], já que o Brasil autorizava a importação de pneus remoldados oriundos do Mercosul, mas proibia os originados da União Europeia, além de vício formal, por se entender que tais restrições só poderiam ser veiculadas por lei em sentido estrito.

Em realidade, estabeleceu-se um embate entre a liberdade de exercício de atividades econômicas (art. 170, parágrafo único, CB), que restaria violada pela proibição da importação de pneus usados, e da necessária proteção do meio ambiente na Ordem Econômica (art. 170, VI, CB), especialmente em razão do grande impacto ambiental causado por esses produtos, a autorizar o tratamento diferenciado conferido pelas normas proibitivas daquela prática, mandamento que seria afetado pela recepção desses mesmos bens em território nacional.

A análise do acórdão também evidencia o grande interesse econômico em torno do assunto, considerando os debates travados durante a audiência pública realizada e os argumentos apresentados pelos diversos *amici curiae* habilitados nos autos, além da intensa judicialização da matéria que precedeu o julgamento da demanda.

Acrescente-se que o Brasil ainda é signatário de compromissos internacionais que igualmente determinam a adoção de práticas voltadas à redução do uso e da importação de produtos comprovadamente nocivos ao meio ambiente, como a Convenção da Basileia sobre o Controle de Movimentos Transfronteiriços de Resíduos Perigosos[61], a Convenção de Rotterdam sobre o Procedimento de Consentimento Prévio Informado para o Comércio Internacional de Certas Substâncias Químicas[62] – que permite, em seu art. 10, aos países signatários deliberar sobre os produtos químicos que poderão ser importados ou proibidos em seu território por apresentar riscos ao meio ambiente e à saúde humana –, e a Convenção de Estocolmo sobre Poluentes Orgânicos Persistentes[63], que tem

60 Sobre a questão, o Brasil fora demandado tanto pela União Europeia, na Organização Mundial do Comércio – que reputou válida a proibição da importação de pneus pelo Brasil da Europa, em nome da proteção da saúde e do meio ambiente, recomendando que fosse garantida a aplicação uniforme das normas proibitivas –, quanto pelo Uruguai, perante o Tribunal Arbitral do Mercosul – que garantiu ao país a exportação daqueles bens ao Brasil.

61 Promulgada pelo Decreto n. 875, de 1993. Disponível em: <http://www.planalto.gov.br/ccivil_03/decreto/d0875.htm.>. Acesso em: 23 fev. 2022.

62 Promulgada pelo Decreto n. 5.360, de 2005. Disponível em: <http://www.planalto.gov.br/ccivil_03/_ato2004-2006/2005/decreto/d5360.htm>. Acesso em: 23 fev. 2022.

63 Promulgada pelo Decreto n. 5.472, de 2005. Disponível em: <http://www.planalto.gov.br/ccivil_03/_ato2004-2006/2005/decreto/d5472.htm>. Acesso em: 23 fev. 2022.

por objetivo, com base no princípio da precaução, proteger a saúde humana e o meio ambiente dos poluentes orgânicos persistentes, nos termos de seu art. 1º.

Diante desses elementos, a ação foi julgada procedente para reconhecer a constitucionalidade dos atos normativos federais proibitivos da importação de pneus usados, considerando que a prática "afronta os preceitos constitucionais de saúde e do meio ambiente ecologicamente equilibrado e, especificamente, os princípios que se expressam nos arts. 170, inc. I e VI e seu parágrafo único, 196 e 225, da Constituição do Brasil" (Brasil, 2012).

A Corte afirmou a necessidade de harmonizar o crescimento econômico com a "garantia paralela e superiormente respeitada da saúde da população" por meio da defesa do meio ambiente, que deve ser observada não apenas em face das necessidades atuais, "mas também as que se podem prever e que se devem prevenir" para as futuras gerações (Brasil, 2012). Eis o sentido de desenvolvimento econômico sustentável e fundamentado na Ordem Econômica de 1988, em conformidade com a decisão do STF.

O equilíbrio entre a proteção do meio ambiente e a liberdade de iniciativa econômica dos agentes privados, por meio da manutenção das normas proibitivas da prática, ficou demonstrado especialmente porque o Brasil produz pneus usados em quantidade suficiente para abastecer as fábricas de remodelagem nacionais, sem que haja risco de ausência de matéria-prima a impedir a atividade econômica.

A interpretação fixada no acórdão pelo STF a respeito do conteúdo e do alcance da defesa do meio ambiente como princípio norteador da Ordem Econômica brasileira fixou a importância da Constituição econômica brasileira como instrumento capaz de neutralizar o abuso do poder econômico ou a pretensão de exercer a liberdade econômica e dela beneficiar-se individualmente, com a imposição de gravíssimo ônus à sociedade brasileira.

Prevaleceu o entendimento em prol dos valores consagrados constitucionalmente acima dos interesses ocasionais de determinados empreendimentos econômicos, como a proteção ambiental.

Verifica-se, ademais, o equacionamento necessário entre todos os princípios da ordem social e econômica com vistas à realização da sua finalidade precípua, de assegurar a todos existência digna, conforme os ditames da justiça social, o que não se viabiliza sem a necessária proteção dos recursos ambientais.

Trata-se, no caso, de decisão constitucional que define, em um específico caso concreto, o delicado equilíbrio entre interesses contraditórios da sociedade, que até podem estar baseados em comandos constitucionais mutuamente válidos em um mesmo momento histórico, como nesse caso. Uma função tipicamente interpretativa (cf. Tavares, 2005), fixando conteúdo constitucional em um nível orgânico ou multitemático, que precede à conformação posterior das decisões judiciais e leis eventualmente contrárias ao entendimento fixado pela Corte.

Assim, a liberdade que a Constituição confere ao desenvolvimento da atividade econômica deve ser harmonizada com o comando constitucional do desenvolvimento social saudável, legitimando a restrição econômica, imposta pelo Estado, a fim de prestigiar os direitos fundamentais à saúde e ao meio ambiente ecologicamente equilibrado, o que permite ao homem "reencontrar-se consigo próprio, como ser humano e não apenas como um dado ou índice econômico", segundo a lição de Eros Grau (2017, p. 249). É esse o sentido da norma contida no art. 170, VI, da Constituição Econômica brasileira.

3.6 A redução das desigualdades regionais e sociais por meio do aproveitamento de créditos de IPI em operações isentas oriundas da Zona Franca de Manaus e da instituição de pisos salariais regionais no Estado de Santa Catarina

Também informa a Ordem Econômica brasileira o princípio da redução das desigualdades regionais e sociais, previsto no inciso VII do art. 170 da Constituição brasileira, diretriz que igualmente constitui objetivo fundamental da República, na forma do art. 3º, III[64], da mesma Carta.

Esse comando norteador da atuação do Estado na economia está principalmente relacionado aos valores da solidariedade e do desenvolvimento nacional, objetivos traçados no art. 3º, I e II, da Constituição, cuja realização pressupõe a mitigação das desigualdades econômicas e sociais entre as diferentes regiões do país como meio de promover a dignidade da pessoa humana e a justiça social, fins precípuos da Constituição Econômica de 1988.

É apenas por meio da redução das desigualdades regionais e sociais que se alcançará a consolidação de um mercado interno pleno, com diversificação da economia, inclusive dos postos de trabalho (não basta a mera proclamação da livre iniciativa se o mercado não oferece oportunidades de trabalho qualificado

64 "Art. 3º Constituem objetivos fundamentais da República Federativa do Brasil: [...] III – erradicar a pobreza e a marginalização e reduzir as desigualdades sociais e regionais; [...]" (Brasil, 1988a).

em todas as áreas profissionais e de conhecimento), qualificação do mercado de mão de obra e desenvolvimento das diversas regiões do país.

O princípio em questão, portanto, não consagra um fim em si mesmo (Bastos, 1990, p. 32), tendo o objetivo maior de garantir a "elevação das condições sociais de vida e a redução, a mínimos toleráveis, das diferenças nas oportunidades econômicas e sociais entre os habitantes das várias regiões brasileiras" (Bercovici, 2003, p. 238), promovendo, assim, verdadeiro desenvolvimento nacional.

Em seu aspecto econômico, a realização desse princípio demanda a criação de políticas públicas e legislativas que viabilizem as condições favoráveis ao pleno mercado, bem como a concessão de incentivos de ordem financeira, fiscal, tributária e econômica, conforme as diretrizes do art. 43 da Constituição[65], para estimular e fomentar a realização de atividades privadas destinadas à produção e à circulação de bens e de serviços nas regiões com menores índices de desenvolvimento socioeconômico do país.

Ademais, essas medidas devem ser contempladas na lei orçamentária anual, no âmbito dos orçamentos fiscal dos Poderes da União e de investimento das empresas de que a União detenha a maioria do capital social com direito a voto, como prevê o art. 165, parágrafo 7º[66], da CB. No mesmo sentido, o art. 151, I, *in fine*[67], autoriza a União a conceder incentivos fiscais destinados a promover o equilíbrio do desenvolvimento socioeconômico entre as diferentes regiões do país.

Todas essas ações estatais poderão, ainda, ser realizadas por meio da cooperação entre as diversas unidades federativas do país, com o propósito justamente de buscar o equilíbrio do desenvolvimento e do bem-estar em âmbito nacional,

---

65 "Art. 43. Para efeitos administrativos, a União poderá articular sua ação em um mesmo complexo geoeconômico e social, visando a seu **desenvolvimento e à redução das desigualdades regionais**. § 1º Lei complementar disporá sobre: I – as condições para integração de regiões em desenvolvimento; II – a composição dos organismos regionais que executarão, na forma da lei, os planos regionais, integrantes dos planos nacionais de desenvolvimento econômico e social, aprovados juntamente com estes. § 2º Os incentivos regionais compreenderão, além de outros, na forma da lei: I – igualdade de tarifas, fretes, seguros e outros itens de custos e preços de responsabilidade do Poder Público; II – juros favorecidos para financiamento de atividades prioritárias; III – isenções, reduções ou diferimento temporário de tributos federais devidos por pessoas físicas ou jurídicas; IV – prioridade para o aproveitamento econômico e social dos rios e das massas de água represadas ou represáveis nas regiões de baixa renda, sujeitas a secas periódicas. § 3º Nas áreas a que se refere o § 2º, IV, a União incentivará a recuperação de terras áridas e cooperará com os pequenos e médios proprietários rurais para o estabelecimento, em suas glebas, de fontes de água e de pequena irrigação" (Brasil, 1988a, grifo nosso).

66 "Art. 165. Leis de iniciativa do Poder Executivo estabelecerão: I – o plano plurianual; II – as diretrizes orçamentárias; III – os orçamentos anuais. [...] § 7º Os orçamentos previstos no § 5º, I e II, deste artigo, compatibilizados com o plano plurianual, terão entre suas funções a de **reduzir desigualdades inter-regionais**, segundo critério populacional" (Brasil, 1988a, grifo nosso).

67 "Art. 151. É vedado à União: I – instituir tributo que não seja uniforme em todo o território nacional ou que implique distinção ou preferência em relação a Estado, ao Distrito Federal ou a Município, em detrimento de outro, **admitida a concessão de incentivos fiscais destinados a promover o equilíbrio do desenvolvimento socioeconômico entre as diferentes regiões do País**; [...]" (Brasil, 1988a, grifo nosso).

de acordo com o parágrafo único do art. 23[68] da CB, embora a amplificação legislativa do dispositivo, até o momento, esteja restrita à matéria ambiental[69], inexistindo normas sobre a cooperação em outras atividades de competência comum capazes de promover a redução das desigualdades regionais e sociais, como o fomento à produção agropecuária (art. 23, VIII) e a exploração de recursos hídricos e minerais (art. 23, XI), por exemplo.

Esse conjunto de normas constitucionais demonstra, nas palavras de Celso Bastos, que "a preocupação com um desenvolvimento mais acelerado das regiões menos desenvolvida deve ser uma diretriz fundamental da política do país" (Bastos, 1990, p. 33).

De fato, o texto constitucional claramente direciona a atuação do Estado a uma verdadeira missão desenvolvimentista nos planos político, normativo, fiscal e orçamentário, orientando também a sua intervenção na economia, como estabelece o art. 170, VII, da CB, em prol da reversão do quadro de subdesenvolvimento regional no qual estamos imersos (Grau, 2017, p. 213).

Nesse último aspecto, o princípio não apenas autoriza como igualmente impõe que a atuação do Estado no domínio econômico por meio da fiscalização, do incentivo e planejamento esteja voltada à mitigação das discrepâncias sociais próprias das regiões com menores índices de desenvolvimento socioeconômico do país.

Isso pode se dar, por exemplo, por meio da concessão de incentivos fiscais como medida para fomentar o crescimento econômico dessas regiões, tema que foi objeto de análise pelo STF no Recurso Extraordinário com Repercussão Geral n. 592.891[70], julgado em 2019.

Interposto pela União, o recurso questionava o acórdão proferido pelo Tribunal Regional Federal da 3ª Região (TRF3), que reconhecia o direito líquido e certo ao aproveitamento de créditos do Imposto sobre Produtos Industrializados (IPI) decorrentes de aquisições, sob o regime de isenção, de produtos originários da Zona Franca de Manaus pela empresa Nokia Brasil Ltda. destinados à industrialização de mercadorias que têm saída tributada, a ser compensada com o próprio IPI, em observância ao regime da não cumulatividade.

---

68 "Art. 23. É competência comum da União, dos Estados, do Distrito Federal e dos Municípios: [...] Parágrafo único. Leis complementares fixarão normas para a cooperação entre a União e os Estados, o Distrito Federal e os Municípios, tendo em vista **o equilíbrio do desenvolvimento e do bem-estar em âmbito nacional**" (Brasil, 1988a, grifo nosso).

69 Trata-se da Lei Complementar n. 140, de 8 de dezembro de 2011, que fixa normas para a cooperação entre a União, os Estados, o Distrito Federal e os Municípios nas ações administrativas decorrentes do exercício da competência comum relativas à proteção das paisagens naturais notáveis, à proteção do meio ambiente, ao combate à poluição em qualquer de suas formas e à preservação das florestas, da fauna e da flora.

70 Relatora Ministra Rosa Weber, julgamento em 25 abr. de 2019. Disponível em: <https://redir.stf.jus.br/paginadorpub/paginador.jsp?docTP=TP&docID=750909416>. Acesso em: 23 fev. 2022.

Com a decisão recorrida, em síntese, a empresa obteve o direito de utilizar créditos tributários oriundos de operações isentas, o que, segundo a União, autora do recurso, violaria o comando constitucional da não cumulatividade, previsto no art. 153, parágrafo 3º, II, da Constituição, exatamente porque o TRF3 havia excepcionado esse comando em relação a insumos que não haviam sido tributados, ou que estiveram sujeitos à alíquota zero na origem, com fundamento no art. 43, parágrafo 1º, II, e parágrafo 2º, III, da CB, que permite a concessão de incentivos regionais por meio de lei, inexistente no caso.

A possibilidade de aproveitamento de créditos de IPI fruto de operações não tributadas já havia sido objeto de intensa judicialização. O entendimento inicial do STF sobre a matéria, firmado em 1998 e em 2002, reconhecia o direito constitucional ao creditamento de IPI nas aquisições de produtos decorrentes de medidas desonerativas, tanto sob o regime de isenção (cf. RE n. 212.484, que tratava especificamente de incentivo regional à Zona Franca de Manaus)[71], quanto de alíquota zero (cf. RE n. 350.446)[72].

Em 2007, contudo, o STF reviu essa jurisprudência (RE n. 353.657)[73], afastando a possibilidade de aquisição de crédito de IPI oriundo de operação anterior em que presente qualquer medida exonerativa (isenção, alíquota zero ou não tributação).

Com base nisso, no Recurso Extraordinário n. 592.891[74], ora em análise, a União argumentou que a decisão do TRF3 atacada seria inválida por ter reconhecido o direito ao creditamento de IPI originado de operações não tributadas na origem, com base apenas na previsão constitucional do art. 43, parágrafo 2º, sem que tivesse sido editada a competente legislação regulamentar sobre a matéria, contrariando o entendimento do STF de 2007 e o princípio da não cumulatividade, que exigiria tributo cobrado na operação anterior, segundo seu entendimento.

Em razão da relevância da temática, foram admitidos como *amici curiae* o Estado do Amazonas, a Associação das Indústrias e Empresas de Serviços do Polo Industrial do Amazonas (Aficam) e a Federação das Indústrias do Estado do Amazonas (Fieam), todos pugnados pelo não provimento do recurso, de maneira a legitimar o aproveitamento do crédito presumido de IPI na específica hipótese

71 Relator originário Ministro Ilmar Galvão, Relator para o Acórdão Ministro Nelson Jobim, julgamento em 5 mar. 1998. Disponível em: <https://redir.stf.jus.br/paginadorpub/paginador.jsp?docTP=AC&docID=244157>. Acesso em: 23 fev. 2022.

72 Relator Ministro Nelson Jobim, julgamento em 18 dez. 2002. Disponível em: <https://redir.stf.jus.br/paginadorpub/paginador.jsp?docTP=AC&docID=261210>. Acesso em: 23 fev. 2022.

73 Relator Ministro Marco Aurélio, julgamento em 25 jun. 2007. Disponível em: <https://redir.stf.jus.br/paginadorpub/paginador.jsp?docTP=AC&docID=513677>. Acesso em: 23 fev. 2022.

74 Relatora Ministra Rosa Weber, julgamento em 25 abr. de 2019. Disponível em: <https://redir.stf.jus.br/paginadorpub/paginador.jsp?docTP=TP&docID=750909416>. Acesso em: 23 fev. 2022.

da aquisição, sob o regime de isenção, de insumos de produtos intermediários e embalagens oriundos da Zona Franca de Manaus.

A Procuradoria-Geral da República manifestou-se pelo provimento do recurso, especialmente em razão do entendimento de 2007 do STF quanto à impossibilidade de creditamento de IPI em relação a operações anteriores não tributadas.

A relatora, Ministra Rosa Weber, contudo, entendeu que o fato de se tratar de produtos oriundos da Zona Franca de Manaus, cujos incentivos fiscais recebem tratamento constitucional especialíssimo justamente para oferecer condições econômicas que permitam o seu desenvolvimento[75], é particularidade suficiente para distinguir a discussão travada nesse caso dos julgados anteriores da Corte, porque essas situações decorrentes de incentivos da Zona Franca de Manaus têm por objetivo específico promover a mitigação da desigualdade socioeconômica daquela região, concretizando o princípio constitucional em apreço:

> A isenção do IPI em prol do desenvolvimento da região é de interesse da federação como um todo, pois este desenvolvimento é, na verdade, da nação brasileira. A peculiaridade desta sistemática reclama exegese teleológica, de modo a assegurar a concretização da finalidade pretendida. À luz do postulado da razoabilidade, a regra da não cumulatividade esculpida no artigo 153, § 3º, II da Constituição, *se* compreendida como uma exigência de crédito presumido para creditamento diante de *toda e qualquer* isenção, cede espaço para a realização da igualdade, do pacto federativo, dos objetivos fundamentais da República Federativa do Brasil e da soberania nacional. [...] **A criação e manutenção da Zona Franca de Manaus não deixa de traduzir, instrumento afirmativo voltado, exatamente, à redução de igualdades sociais e regionais (art. 3º, III, da CF), concretizando em certa medida o próprio princípio isonômico (art. 5º, I, da Lei Maior).** (Brasil, 2019c, grifo do original)

Apesar da divergência aberta pelo Ministro Alexandre de Moraes, que votava pelo provimento do Recuso Extraordinário por entender, em síntese, que a aquisição de insumos isentos oriundos da Zona Franca de Manaus não gera direito a crédito de IPI, o voto da relatora foi acompanhado pela maioria, fixando-se, por unanimidade, a seguinte tese:

> Há direito ao creditamento de IPI na entrada de insumos, matéria-prima e material de embalagem adquiridos junto à Zona Franca de Manaus sob o regime da isenção, considerada a previsão de incentivos regionais constante do art. 43,

75 Como explica Humberto Ávila (2007, p. 68-69): "A diferenciação da Zona Franca de Manaus, no que se refere a benefícios fiscais, deve-se a sua diferença geográfica e econômica. Sendo ela, de fato, diferente por razões geográficas e econômicas, deve ser tratada, de direito, de modo diferente, para que, um dia, possa ficar, de fato, igual e, a partir de então, ser submetida a regras iguais. Em suma, sendo diferente, ela precisa de regras diferentes que possam promover a sua igualdade".

§ 2º, III, da Constituição Federal, combinada com o comando do art. 40 do ADCT. (Brasil, 2019c)

Desse modo, o entendimento adotado, na linha de nosso constitucionalismo desenvolvimentista, admite que, apesar de a aquisição de insumos na Zona Franca de Manaus não estar sujeita à tributação, como parte da política extrafiscal de incentivo ao desenvolvimento socioeconômico da região[76], o não aproveitamento do crédito presumido de IPI nas operações seguintes nulificaria o incentivo anteriormente concedido para fomentar as atividades econômicas naquela localidade, equivalendo, na prática, a uma tributação diferida das operações iniciais, invalidando-se, com isso, a política estatal de fomento regional.

Daí porque a regra da não cumulatividade deve ser alinhada, nesse caso específico, ao princípio da redução das desigualdades regionais e sociais, que serve de vetor prioritário no caso, de maneira que a não cumulatividade deixa de ser condicionada à exigência de crédito das operações anteriores isentas, como decidiu a Corte:

> Ainda, encontram-se, entre os princípios constitucionais da ordem econômica, a soberania nacional, a defesa do meio ambiente e a redução das desigualdades regionais e sociais, conforme artigo 170 da Constituição e, como fundamento da ordem econômica, assegurar a todos uma existência digna. Para tentar combater essas desigualdades fáticas – regionais e sociais – a Constituição dispõe sobre os incentivos regionais no seu artigo 43 e prevê a importância de incentivos fiscais para promoção do equilíbrio do desenvolvimento socioeconômico entre as diferentes regiões do País, conforme seu artigo 151, I. Não bastasse, o constituinte originário assentou expressamente a preservação dos incentivos fiscais para Zona Franca de Manaus em razão da busca pelo desenvolvimento nacional através da redução das desigualdades regionais. A isenção de IPI para produtos oriundos da sub-região de Manaus atua em prol do pacto federativo para que a assimetria de direito possa corrigir a assimetria de fato e assim confere tratamento desigual para situações desiguais. (Brasil, 2019c)

A decisão é especialmente relevante para a percepção do alcance não apenas do princípio da redução das desigualdades regionais e sociais na Ordem Econômica brasileira, mas também para compreender as particularidades de nosso regime constitucional da economia. E isso especialmente por essa decisão ter

76 Como restou consignado na decisão recorrida, mantida pelo STF no caso em análise: "Portanto, **no caso daquelas isenções concedidas as empresas situadas na Zona Franca de Manaus**, a exemplo do que também ocorreria nas chamadas Zonas Livres de Comércio, é preciso ter presente **que a desoneração tem objetivos de desenvolvimento regional, colaborando de molde a baratear a aquisição dos insumos, e a obtenção de preço final mais competitivo, nos produtos resultantes do processo de industrialização, na medida em que o adquirente não precisa pagar o valor do imposto**" (Brasil, 2019c, grifo do original).

excepcionado anterior entendimento do próprio STF quanto à não cumulatividade do IPI quando presentes medidas desonerativas, reconhecendo o direito à apropriação do crédito presumido exatamente em prol do desenvolvimento da Zona Franca de Manaus, como forma de concretizar a diretriz constitucional em apreço, como se verifica do acórdão:

> Cumpre, assim, a Zona Franca de Manaus, por um lado, o seu relevante papel de promover a redução das igualdades regionais e sociais, bem como, por outro, colaborar com a preservação da soberania nacional, auxiliando na defesa do território brasileiro, pela ocupação física de área da nossa geografia cujas riquezas e importância são reconhecidas internacionalmente. (Brasil, 2019c)

O creditamento de IPI nessa específica hipótese, portanto, "não decorre da aplicação direta da não cumulatividade, mas sim da especial posição constitucional atribuída a essa região e da natureza de incentivo regional da desoneração" (Brasil, 2019c), como consignou o Ministro Luís Roberto Barroso em seu voto e, mais ainda, da específica modelagem constitucional da Ordem Econômica brasileira, voltada ao pleno desenvolvimento nacional, do mercado e dos direitos sociais.

A busca pelo desenvolvimento nacional e pela redução das desigualdades sociais e regionais, portanto, albergam plenamente o regime especial de incentivos conferido à Zona Franca de Manaus (Derzi, 2011), o que "reflete a união de todo o Brasil em prol do desenvolvimento do país através da neutralização das assimetrias" (Brasil, 2019c), permitindo a integração econômica da região e, consequentemente, da sociedade brasileira como um todo (Bercovici, 2003, p. 238), como determina a conjugação dos preceitos contidos nos art. 3º, II, e 170, VII, da CB.

A decisão é, ainda, materialmente interessante sobre o tema por reconhecer máxima densidade normatividade ao disposto no art. 43, parágrafo 2º, III[77], da CB, cuja falta de norma subconstitucional, ocorrida na hipótese, não poderia, segundo o entendimento majoritário[78] da Corte, impedir o reconhecimento de

77 "Art. 43. Para efeitos administrativos, a União poderá articular sua ação em um mesmo complexo geoeconômico e social, visando a seu desenvolvimento e à redução das desigualdades regionais. [...] § 2º Os **incentivos regionais** compreenderão, além de outros, **na forma da lei**: [...] III – **isenções**, reduções ou diferimento temporário de tributos federais devidos por pessoas físicas ou jurídicas; [...]". (Brasil, 1988a, grifo nosso)

78 Divergindo especificamente sobre essa questão, o Ministro Alexandre de Moraes entendeu não ser possível reconhecer o direito ao creditamento de IPI na aquisição de produtos isentos oriundos da Zona Franca de Manaus com base na mera previsão constitucional de incentivar o desenvolvimento regional, já que tais benefícios não poderiam existir automaticamente, sem lei alguma. Nesse sentido, sustentou que, diante da ausência de lei específica, não poderia o Poder Judiciário "com base tão somente na promoção da isonomia material e na redução das desigualdades regionais, conceder a determinados contribuintes um benefício fiscal não previsto em lei, sob pena de ofensa ao art. 150, § 6º, da CF, e ao princípio da separação dos poderes" (Brasil, 2019c).

créditos presumidos decorrentes de incentivos fiscais destinados ao fomento de atividades econômicas nas regiões subdesenvolvidas do país, como é o caso da Zona Franca de Manaus.

Trata-se, assim, de superação jurisprudencial da vetusta tese protelatória de comandos constitucionais expressos, mas que ainda demanda consolidação mais ampla, como se colhe do voto da relatora, Ministra Rosa Weber:

> À falta de reconhecimento expresso na legislação infraconstitucional do direito ao benefício fiscal consistente no aproveitamento de créditos presumidos nas aquisições de produtos isentos oriundos da ZFM – caso contrário, por óbvio, inexistiria a lide entre o Fisco e o contribuinte –, pergunta-se: há fundamento constitucional para o reconhecimento de créditos presumidos nas aquisições de produtos isentos do IPI quando oriundos da ZFM? Consoante o acórdão fustigado, relembro, é imperativo o reconhecimento dos referidos créditos sob pena de serem anulados os efeitos da isenção do IPI e, assim, ser contrariada a finalidade da criação da ZFM. [...] a isenção do IPI, tributo de competência da União, de determinado produto para todo o território nacional não recebe o mesmo tratamento da isenção do mesmo tributo direcionada para determinada região em especial: trata-se, além de um incentivo regional conforme o artigo 43, § 2º, III da Constituição, de um incentivo para o desenvolvimento do país como um todo ao ponto de receber "tratamento constitucional de exceção". (Brasil, 2019c)

Por meio de entendimentos como esse, o STF não apenas vai construindo o sentido de uma Constituição imediata (e não uma Constituição protelatória), fustigando resquícios de uma teoria das normas programáticas que pretende diferir parte da Constituição para um futuro longínquo e inalcançável (função estruturante da Corte, que recompõe o modelo hierárquico-constitucional, cf. Tavares, 2005), mas também contribui decisivamente para concretizar o pleno desenvolvimento do mercado brasileiro, em uma típica função governativa, de direção, a fim de que o Estado alcance seus fins primários (cf. Tavares, 2005, p. 240), no caso estabilizando a atuação estatal dentro dos marcos constitucionais, de maneira a implementar todas medidas disponíveis para a promoção do desenvolvimento real das diversas regiões do país.

Outra relevante decisão do STF relacionado ao conteúdo e ao alcance do princípio constitucional da redução das desigualdades regionais e sociais foi dada na ADI n. 4.364 (Brasil, 2011b), que teve por objeto a Lei Complementar n. 459, de

30 de setembro de 2009, do Estado de Santa Catarina, que institui piso salarial estadual para trabalhadores de diversos segmentos econômicos[79].

A Confederação Nacional do Comércio de Bens, Serviços e Turismo (CNC), autora da demanda, sustentava a inconstitucionalidade da norma em razão da aleatoriedade dos pisos salariais fixados, o que violava o princípio da igualdade, além de caracterizar, em sua opinião, ingerência estatal na organização sindical e afronta ao poder normativo da Justiça do Trabalho em dissídios coletivos. Houve o ingresso de diversas entidades de classe, sindicatos e federações industriais na condição de *amicus curiae*, o que denota a relevância da temática.

Para além da discussão a respeito da competência estadual para disciplinar a matéria, diante da delegação contida na Lei Complementar Federal n. 103/2000[80], e da legitimidade ativa da CNC, já que o requisito da pertinência temática não impede à Corte apreciar a matéria para além das profissões por ela representada, o Ministro Dias Toffoli, Relator da ação, também examinou a instrumentalidade da fixação de pisos salariais regionais para a realização do princípio da redução das desigualdades regionais e sociais, já que a medida protege categorias específicas de trabalhadores que necessitam de uma postura mais proativa do Estado por não contarem com piso salarial definido em lei federal, convenção ou acordo coletivo de trabalho, como se verifica de seu voto:

> A lei questionada não viola o princípio do pleno emprego. Ao contrário, a instituição do piso salarial regional visa, exatamente, reduzir as desigualdades

---

79 Agricultura; pecuária; indústria extrativa e de beneficiamento; pesca; aquicultura; empregados domésticos; turismo e hospitalidade; indústrias da construção civil; indústrias de instrumentos musicais e brinquedos; estabelecimentos hípicos; empregados motociclistas, motoboys, e do transporte em geral; indústrias do vestuário e calçado; indústrias de fiação e tecelagem; indústrias de artefatos de couro; indústrias do papel, papelão e cortiça; empresas distribuidoras e vendedoras de jornais e revistas e empregados em bancas, vendedores ambulantes de jornais e revistas; empregados da administração das empresas de jornais e revistas; empregados em estabelecimentos de serviços de saúde; empregados em empresas de comunicações e telemarketing; indústrias do mobiliário; indústrias químicas e farmacêuticas; indústrias cinematográficas; indústrias da alimentação; empregados no comércio em geral; empregados de agentes autônomos do comércio; indústrias metalúrgicas, mecânicas e de material elétrico; indústrias gráficas; indústrias de vidros, cristais, espelhos, cerâmica de louça e porcelana; indústrias de artefatos de borracha; empresas de seguros privados e capitalização e de agentes autônomos de seguros privados e de crédito; edifícios e condomínios residenciais, comerciais e similares; indústrias de joalheria e lapidação de pedras preciosas; empregados de estabelecimentos de ensino, de cultura, processamento de dados e motoristas do transporte em geral, conforme o art. 1º da lei. O tema dos pisos estaduais de remuneração para segmentos econômicos esteve, inicialmente, sob forte polêmica, dada a necessidade de que o piso salarial mínimo seja nacionalmente estabelecido (Santa Catarina, 2009).

80 Que delega aos Estados e ao Distrito Federal a competência para instituir piso salarial para os empregados que não tenham esse mínimo definido em lei federal, convenção ou acordo coletivo de trabalho, dada a "necessidade de os pisos salariais considerarem as peculiaridades e as condições de cada setor ou região, permitindo tratamento diferenciado pelos Estados-membros", conforme o voto do Relator, Ministro Dias Toffoli (ADI n. 4.364, Relator Ministro Dias Toffoli, julgamento em 2 mar. 2011. Brasil, 2011b).

sociais, conferindo proteção aos trabalhadores e assegurando a eles melhores condições salariais. [...] A lei impugnada realiza materialmente o princípio constitucional da isonomia, uma vez que o tratamento diferenciado aos trabalhadores agraciados com a instituição do piso salarial regional visa reduzir as desigualdades sociais. [...] Nessa justa medida, a lei impugnada, ao contrário do que afirma a autora, realiza materialmente o princípio constitucional da isonomia, uma vez que o tratamento diferenciado aos trabalhadores agraciados com a instituição do piso salarial regional visa a reduzir as desigualdades sociais. (Brasil, 2011b)

Quanto aos reflexos da norma para o desenvolvimento das atividades econômicas abrangidas pelos novos patamares de remuneração, o relator considerou o processo real de elaboração da Lei Complementar estadual n. 459/2009, baseado que foi em estudos prévios sobre os impactos econômicos e sociais da medida no Estado de Santa Catarina, contando, ainda, com ampla participação da sociedade civil em audiências públicas, o que afastava a alegação de aleatoriedade das faixas salariais definidas pela lei.

Assim, por maioria[81], a Corte declarou a constitucionalidade dos pisos salariais instituídos pela norma estadual questionada, porque eram voltados justamente à redução das desigualdades sociais, julgando a ação parcialmente procedente apenas para reconhecer a inconstitucionalidade parcial do dispositivo que previa a participação do Governo do Estado de Santa Catarina nas negociações entre as entidades sindicais dos trabalhadores e dos empregadores para atualização daqueles valores, por ofensa à autonomia sindical.

Com isso, o STF reconheceu a legitimidade dessa disciplina normativa estatal de controle dos agentes econômicos privados titulares do capital para assegurar às classes de trabalhadores com menor capacidade de organização sindical um patamar mínimo de salário que atenda às especificidades socioeconômicas de uma dada região, ainda que a medida impacte o exercício local de certas atividades econômicas, o que evidencia as potencialidades transformadoras do princípio da redução das desigualdades regionais e sociais (Grau, 2017, p. 214), realizando a justiça social propugnada pela Constituição Econômica brasileira.

81 Vencido o Ministro Marco Aurélio, que divergia por vislumbrar afronta à eficácia do salário-mínimo nacional e unificado, previsto no art. 7º, IV, da CB, além da incompetência estadual para a matéria, por entender que o piso salarial está na órbita do direito do trabalho, não se concebendo que o Estado possa editar lei sobre direito do trabalho.

3.7 A inconstitucionalidade de normas proibitivas do serviço particular de transporte de passageiros como garantia do princípio da busca do pleno emprego

A busca do pleno emprego é comando que igualmente conforma o desenho específico de nossa Ordem Econômica, na forma como vem estabelecido no inciso VIII do art. 170 da CB:

> Art. 170. A ordem econômica, fundada na valorização do trabalho humano e na livre iniciativa, tem por fim assegurar a todos existência digna, conforme os ditames da justiça social, observados os seguintes princípios:
>
> [...]
>
> VIII – busca do pleno emprego; [...]. (Brasil, 1988a)

Celso Bastos (Bastos, 1990, p. 34) considerava essa norma, como atualmente redigida, utópica, por entender que o pleno emprego é condição jamais atingível, preferindo a diretriz constante da ordem constitucional anterior, que consagrava o princípio da expansão das oportunidades de emprego produtivo no inciso VI do art. 160 da Emenda Constitucional n. 1/1969[82]. No entendimento de Eros Grau, contudo, o enunciado anterior era interpretado como estando relacionado ao fator trabalho, sendo a cláusula atual mais ampla, "de sorte a afirmar as políticas de pleno emprego como instrumentais da valorização do trabalho humano" (Grau, 2018b, p. 1910).

De fato, a expressão "pleno emprego", além de mais abrangente que a anterior "emprego produtivo", é conceitualmente diversa, pois reflete mais adequadamente os valores sociais da CB, orientando que a atuação do Estado na economia não seja pautada por apenas atender ao propósito estrito dos interesses econômicos ou quantitativos da produção, como sugere o termo "produtivo", mas esteja fundada na busca da plenitude de condições necessárias para a oferta de um trabalho condizente com a dignidade da pessoa humana, em conformidade com os valores consagrados nos arts. 6º e 7º da CB.

---

82 "Art. 160. A ordem econômica e social tem por fim realizar o desenvolvimento nacional e a justiça social, com base nos seguintes princípios: [...] VI – expansão das oportunidades de emprêgo produtivo" (Brasil, 1969).

A discussão sobre o pleno emprego é longa e historicamente tem conduzido à manutenção de grandes contingentes da população como mão de obra reserva, a fim de permitir o controle remuneratório com o objetivo de sustentar salários em patamares mínimos, especialmente por parte de empresas voltadas quase que exclusivamente para o aumento de suas margens de lucro, muitas vezes uma alternativa para oferecer melhores números anuais mesmo na incapacidade de inovação ou na inoperância total para conquistar novos mercados.

Em seu art. I[83], a Convenção n. 122 da Organização Internacional do Trabalho (OIT), ratificada em 1969 pelo Brasil[84], consagra os parâmetros para a promoção do pleno emprego na qualidade de mecanismo de estímulo ao crescimento e desenvolvimento econômico, demandando a adoção de políticas estatais que garantam a oferta de trabalho produtivo a todos que o busquem, de maneira a assegurar a liberdade de escolha para que "cada trabalhador tenha todas as possibilidades de [...] utilizar, neste emprego, suas qualificações, assim como seus dons, qualquer que seja sua raça, cor, sexo, religião, opinião política, ascendência nacional ou origem social" (OIT, 1965).

Isso significa que o preceito constitucional em análise conforma também a função social da propriedade, já que obriga seu titular "ao exercício desse direito-função (dever-poder) tendo-se em vista a realização do pleno emprego", como explica Eros Grau (2018b, p. 1912).

A atuação do Estado em prol da concretização da busca do pleno emprego alinha-se, ainda, à própria ideia de democracia econômica, pois permite reconhecer o poder de toda a sociedade, "e não apenas de uma minoria privilegiada, decidir, democraticamente, sobre a utilização do capital acumulado pelos frutos de seu trabalho no interesse coletivo", como explica Gilberto Bercovici (2007, p. 462).

Assim, o sentido desse princípio impositivo (Grau, 2017, p. 248) na Ordem Econômica brasileira, interpretado conjuntamente com os demais valores por ela consagrados e, ainda, com as diretrizes da Convenção n. 122 da OIT, permite afirmar que o texto constitucional de 1988 demanda a atuação do Estado em prol da busca do pleno emprego, inclusive por meio da destinação de recursos públicos

83 "Art. I-1. Com o objetivo de estimular o crescimento e o desenvolvimento econômico, de elevar os níveis de vida, de atender às necessidades de mão de obra e de resolver o problema do desemprego e do subemprego, todo Membro formulará e aplicará, como um objetivo essencial, uma política ativa visando promover o pleno emprego, produtivo e livremente escolhido. 2. Essa política deverá procurar garantir: a) que haja trabalho para todas as pessoas disponíveis e em busca de trabalho; b) que este trabalho seja o mais produtivo possível; c) que haja livre escolha de emprego e que cada trabalhador tenha todas as possibilidades de adquirir as qualificações necessárias para ocupar um emprego que lhe convier e de utilizar, neste emprego, suas qualificações, assim como seus dons, qualquer que seja sua raça, cor, sexo, religião, opinião política, ascendência nacional ou origem social" (OIT, 1965).

84 Veiculada no Anexo XXXIV do Decreto n. 10.088/2019. Disponível em: <http://www.planalto.gov.br/ccivil_03/_Ato2019-2022/2019/Decreto/D10088.htm#art5>. Acesso em: 18 fev. 2022.

para implementar essa realidade, ainda que se reconheçam grandes entraves à adoção dessa política econômica, especialmente por enfraquecer o poder dos detentores dos meios de produção sobre os trabalhadores, como alertou Michal Kalecki (1980) ao analisar os fatores que contraditoriamente[85] levavam à objeção dos grandes empresários às experiências de aumento do emprego por meio da despesa governamental.

Em outra perspectiva, a oposição à busca do pleno emprego pode restar manifesta nas próprias políticas estatais, caso em que, evidentemente, serão inválidas, quando implicarem retração na oferta de postos de trabalhos (Mello, 1982, p. 74-75)[86], por afronta ao art. 170, inciso VIII, da CB. Também é o caso de políticas estatais recessivas, que sabidamente provocam a retração dos postos de trabalho (cf. Tavares, 2011, p. 207). São casos que autorizam sua revisão pelo Poder Judiciário. Trata-se de exercer uma função prioritariamente de governo (cf. categorização em Tavares, 2005).

Foi o que aconteceu com as normas editadas pelos Municípios de São Paulo e de Fortaleza, proibitivas do transporte individual urbano privado de passageiros, por intermédio de plataformas digitais.

Em 2017, o STF apreciou a matéria no âmbito do Recurso Extraordinário n. 1.054.110 (Brasil, 2020), em que se questionava a Lei n. 16.279, de 8 de outubro de 2015, do Município de São Paulo (São Paulo, 2015), que proibia o uso de carros particulares cadastrados em aplicativos para o transporte remunerado individual de pessoas, declarada inconstitucional pelo Tribunal de Justiça do Estado de São Paulo (TJSP). A Corte reconheceu a repercussão geral da questão constitucional suscitada no recurso, dada a relevância da discussão a respeito da violação dos princípios da Ordem Econômica pela lei.

O recurso foi desprovido por unanimidade, fixando-se, por maioria, a tese de que a proibição ou restrição da atividade de transporte privado individual por motorista cadastrado em aplicativo é inconstitucional, por violação aos

85 De acordo com o economista polonês: "Os motivos para a oposição dos 'líderes industriais' ao pleno emprego obtido por meio da despesa governamental podem ser agrupados em três categorias: (a) a reprovação à interferência pura e simples do Governo no problema do emprego; (b) a reprovação à direção da despesa governamental (para investimento público e subsídio ao consumo); (c) a reprovação às mudanças sociais e políticas resultantes da manutenção do pleno emprego" (Kalecki, 1980, p. 54).

86 É a conclusão a que chega Celso Antônio Bandeira de Mello (1982, p. 74-75), referindo-se ao princípio da expansão das oportunidades de emprego produtivo, então assegurado no art. 160, inciso VI, da Emenda Constitucional n. 1/1969: "Em decorrência deste preceito não pode existir validamente política econômica que deprima as oportunidades de expansão de emprego produtivo. Portanto não pode, validamente, ser desenvolvida política econômica que se oriente por uma linha geradora de retração na oferta de empregos produtivos. [...] Por ser inconstitucional enveredar por caminho que leva, cientemente, à retração na oferta de emprego produtivo, qualquer trabalhador, provadamente vitimado por esta política, pode propor ação anulatória dos atos que diretamente concorrem para o resultado proibido".

princípios da livre iniciativa e da livre concorrência, mantida a decisão do TJSP, que reconhecia a inconstitucionalidade da lei paulistana por caracterizar, de acordo com o STF, extrapolação da legítima presença estatal na Economia.

O entendimento adotado pelo STF é muito relevante, aqui, já que expõe a dimensão impositiva da presença do Estado, por ressaltar setores como os da promoção dos direitos fundamentais e defesa de valores sociais e culturais, apesar do apego permanente ao termo "intervenção", que denota a ideia tipicamente liberal de uma atuação do Estado sempre caracterizada como "incômoda". No caso, por se pautar por direitos fundamentais, e cumprir deveres constitucionais, essa atuação do Estado, na Ordem Econômica, é, inquestionavelmente, legítima e necessária. É o que se colhe do voto do Ministro Barroso, Relator da ação:

> O conjunto de valores que orienta a ordem econômica não estabelece, portanto, a exata extensão da intervenção do Estado na economia. É papel do intérprete definir como acomodar esses diferentes valores. [...] Para além da ideia de simples correção de *falhas de mercado*, a intervenção se justifica inclusive para promoção de direitos fundamentais, inclusão de grupos minoritários, proteção de direitos intergeracionais e para defesa de valores sociais e culturais. É nesse contexto que se coloca o *terceiro fundamento* da inconstitucionalidade de lei proibitiva do transporte individual de passageiros por aplicativo. [...] A norma proibitiva ou excessivamente restritiva, por mais que se baseie em fundamentos constitucionais para justificar a intervenção do Estado, *será inconstitucional se destituir a livre iniciativa de algum sentido mínimo*. (Brasil, 2020, grifo do original)

A Corte voltou a examinar o tema em 2019, desta feita em sede de controle abstrato de constitucionalidade, suscitado na ADPF n. 449[87], que tinha por objeto a Lei Municipal n. 10.553, de 23 de dezembro de 2016, do Município de Fortaleza, proibitiva da atividade de transporte particular de passageiros naquela cidade.

Na condição de autor, o Partido Social Liberal sustentou que a norma municipal violava os valores constitucionais da livre iniciativa e do valor social do trabalho (art. 1º, IV), da liberdade profissional (art. 5º, XIII), da livre concorrência (art. 170, *caput*), da defesa do consumidor (art. 170, V) e da busca do pleno emprego (art. 170, VIII), além da liberdade dos modelos de negócio por plataformas digitais consagrada no Marco Civil da Internet – Lei Federal n. 12.965, de 23 de abril de 2014 (Brasil, 2014a).

O Município de Fortaleza defendeu a constitucionalidade da norma diante da necessidade de proteção dos profissionais do setor, evitando a proliferação de serviços clandestinos que pudessem colocar em riscos os usuários. Entendia,

87 Relator Ministro Luiz Fux, julgamento em 8 maio 2019. Disponível em: <https://redir.stf.jus.br/paginadorpub/paginador.jsp?docTP=TP&docID=750684777>. Acesso em: 18 fev. 2022.

ainda, que a atividade econômica em questão é exclusiva dos taxistas, que detêm certificação específica para o seu exercício, de maneira que todos os princípios supostamente afrontados pela lei municipal se encontravam, nesse caso, limitados pelo interesse público.

Embora a norma tenha sido revogada antes do julgamento da ação, o STF entendeu que essa ocorrência não obstava a apreciação da matéria, especialmente diante da iminente possibilidade de casos repetitivos, demandando a fixação de um regime jurídico apropriado à nova temática tecnológica, já em sede de controle de constitucionalidade.

No que diz respeito à competência municipal para disciplinar o tema, a Corte entendeu que reconhecer aos municípios a possibilidade de editarem normas proibitivas da atividade de transporte de natureza estritamente privada reverteria verdadeiro óbice ao desenvolvimento nacional, por viabilizar a profusão desordenada e conflituosa da regulação dessa atividade econômica. Entendeu-se, ainda, ser de competência legislativa privativa da União a definição das condições para o exercício profissional, conforme o art. 22, XVI[88], da CB, o que, em consonância com o posicionamento do STF, impede a restrição do direito ao livre exercício de atividade laboral por norma municipal, acarretando a inconstitucionalidade formal da lei municipal de Fortaleza.

Quanto ao mérito propriamente dito do "livre" transporte particular de passageiros por aplicativos, o STF entendeu que tanto o Marco Civil da Internet quanto a Política Nacional de Mobilidade Urbana contemplam, no plano federal, normatividade permissiva dessa específica atividade econômica por particulares. Com esse entendimento na matéria, a restrição ao exercício por norma municipal, além de ferir competência privativa da União, viola também, conforme o entendimento da Corte, diversos princípios constitucionais da Ordem Econômica brasileira, como a liberdade de iniciativa e de exercício profissional:

> À luz do exposto até aqui, conclui-se, em primeiro lugar, que a medida proibitiva do exercício privado da atividade de transporte por meio de aplicativos não pode se fundamentar na tutela dos interesses de agentes tradicionais do mercado – sejam detentores de licença, sejam taxistas em geral –, sob pena de evidente inconstitucionalidade. A captura regulatória torna suspeito o critério para a limitação de entrantes no mercado de prestadores de serviço de transporte de passageiros, violando os princípios constitucionais da igualdade (art. 5º, caput), da liberdade profissional (art. 5º, XIII) e da livre iniciativa (art. 1º, IV, e 170, caput). (Brasil, 2019b)

88 "Art. 22. Compete privativamente à União legislar sobre: [...] XVI – organização do sistema nacional de emprego e condições para o exercício de profissões; [...]" (Brasil, 1988a).

Além disso, no plano fático, as normas proibitivas específicas para serviço de transporte privado prestado por meio de plataformas digitais como Uber estariam também eliminando oportunidades ao grande contingente de mão de obra desempregada do país[89]. E isso estaria a ocorrer em prestígio a uma tradicional reserva de mercado criada pelo modelo regulatório do sistema de concessão de licenças aos taxistas, o que, no plano jurídico, caracterizaria ofensa à cláusula do valor social do trabalho e ao princípio da busca do pleno emprego, como concluiu a Corte:

> Por esse motivo, há enorme resistência de grupos organizados à abertura do mercado para novos entrantes – é dizer, novos trabalhadores, migrando de setores em crise em direção a oportunidades de gerar valor para a sociedade. Considerando que o desemprego no Brasil atingiu recentemente o patamar recorde de 13,7%, afetando 14,2 milhões de pessoas [...] é de se louvar a abertura de mercado que represente absorção de mão de obra e considerar qualquer medida em contrário afrontosa ao princípio da busca pelo pleno emprego, insculpido no art. 170, VIII, da Constituição. (Brasil, 2019b)

Além da inquestionável repercussão social e econômica da discussão, o acórdão é especialmente relevante para a compreensão do alcance e do sentido do princípio da busca do pleno emprego enquanto vetor expresso da Ordem Econômica brasileira, de cujo caráter conformador decorre a inconstitucionalidade de políticas públicas recessivas (cf. Grau, 2017, p. 250; Tavares, 2011, p. 207), exatamente como no caso.

O conteúdo do princípio da busca do pleno emprego evidencia, portanto, a legitimidade da invalidação pelo Poder Judiciário de políticas estatais que arbitrariamente limitem a plena oferta de empregos (Mello, 1982, p. 74-75), nos moldes propugnados pela Convenção n. 122 da OIT, cuja garantia é essencial para a realização do desenvolvimento econômico consentâneo à dignificação do trabalho humano, como restou consignado no acórdão da ADPF n. 449:

> A proibição legal do livre exercício da profissão de transporte individual remunerado afronta o princípio da busca pelo pleno emprego, insculpido no art. 170, VIII, da Constituição, pois impede a abertura do mercado a novos entrantes, eventualmente interessados em migrar para a atividade como consectário da crise econômica, para promover indevidamente a manutenção do valor de permissões de táxi. (Brasil, 2019b)

---

89 Elemento que também merece atenção está na circunstância de plataformas como a mencionada terem alcançado enorme prestígio e difusão justamente em virtude da forte crise gerada a partir de 2008 no mercado de trabalho.

Nesse sentido, o STF concluiu que a restrição ao serviço particular de passageiros estaria beneficiando unicamente os interesses econômicos de agentes já estabelecidos, integrantes do restrito grupo que detém as licenças de táxi, que, com a abertura de (outro) mercado aos novos motoristas, experimentaria (supostamente) brusca queda do valor dessas permissões, o que contraria os propósitos fundantes da Constituição Econômica de 1988, que tem por finalidade precípua a realização da justiça social, por impor um "alto custo social, em termos de preço e qualidade de serviços ao consumidor, oportunidades de trabalho, dinamismo da economia etc., sem qualquer benefício coletivo em contrapartida" (Brasil, 2019b).

Com base nesses fundamentos, a Corte julgou a ação procedente[90] para declarar a inconstitucionalidade total da Lei n. 10.553/2016 do Município de Fortaleza, preservando o princípio da busca do pleno emprego contra um processo político que conduz à preservação dos interesses de atores econômicos monopolistas, desinteressados na entrada de concorrentes, de forma a minar a livre competição em benefício próprio e em prejuízo de toda a sociedade.

É justamente essa a finalidade precípua da atuação estatal sobre o domínio econômico no constitucionalismo contemporâneo: assegurar que a atividade regulatória do Estado sobre a economia esteja a serviço dos valores sociais consagrados na Constituição Econômica de 1988.

90 A decisão de mérito a respeito da inconstitucionalidade da norma foi tomada por unanimidade, superados os argumentos dos Ministros Rosa Weber e Marco Aurélio, que julgavam prejudicada a ação por perda de objeto, já que a norma municipal fora revogada antes do seu julgamento, e do Ministro Alexandre de Moraes, que propunha o reconhecimento da inconstitucionalidade da interpretação que conduzia à proibição do serviço de transporte remunerado privado individual de passageiros, sem, contudo, reduzir ou eliminar qualquer texto da Lei municipal, cuja literalidade, em seu entendimento, apenas proibia o uso indevido de táxis sem licença, algo perfeitamente compatível com o sistema jurídico e que não estava a impedir o exercício da atividade econômica do transporte privado individual.

3.8 A validade de medidas desonerativas e das limitações ao regime especial de tributação do Simples Nacional como decorrência do princípio do tratamento favorecido para empresas brasileiras de pequeno porte

Novidade do texto constitucional de 1988, o princípio do tratamento favorecido para as empresas de pequeno porte constituídas sob as leis brasileiras e que tenham sede e administração no país, conforme a atual redação do art. 170, IX, da CB, dada pela Emenda Constitucional n. 6, de 15 de agosto de 1995 (Brasil, 1995a), orienta a Ordem Econômica brasileira com vistas ao fomento de atividades econômicas desempenhadas por pequenos e microempresários, como maneira de estimular a oferta de empregos, a inclusão socioeconômica, o mercado interno e, portanto, o desenvolvimento nacional pleno:

> A constituição pretende, por meio do tratamento privilegiado que cria expressamente, promover o desenvolvimento social, entendendo que esse ocorrerá pelo fortalecimento das empresas nacionais de porte menos avantajado e, consequentemente, portadoras de maiores dificuldades na consecução de suas atividades e alcance de seus objetivos (ligados necessariamente ao desenvolvimento do país).
>
> [...]
>
> O princípio aqui analisado está em íntima conexão com outro, já referido anteriormente, qual seja, o princípio do desenvolvimento nacional (art. 3o, inc. II, da CF). É que por meio do regime simplificado permite-se que determinado segmento de empresas se desenvolva, gerando empregos e riqueza para a Nação. Também se nota, pois, a ligação com o princípio da livre-iniciativa e concorrência, pois de outra forma seria inviável que esse segmento pudesse manter-se na economia nacional. Acaba sendo tutelado, indiretamente, o consumidor (além do mercado propriamente dito), já que essa tutela acaba por gerar um mercado sempre aberto a novos agentes, dificultando a formação de grandes empresas que dominem todo o segmento econômico, impondo preços abusivos. (Tavares, 2011, p. 214-215)

Assim, a diferenciação de tratamento, com fins positivos, estabelecida constitucionalmente, jamais poderia ser considerada como mera promoção arbitrária ou caprichosa de um segmento empresarial. Vai, aqui, uma grande advertência quando se tratar desse tema: estamos diante de um componente estrutural mesmo de nossa Constituição Econômica, regime especial que há de ser reputado essencial para que esta atinja seus objetivos.

De fato, são essas as empresas que mais geram postos de trabalho no Brasil[91]. E a formatação de nosso mercado interno precisa estar alinhada justamente à grande demanda interna da maior parte de nossa população. É aqui que surge essa conexão entre esse tratamento constitucional diferenciado e o desenvolvimento do mercado interno, pois este ainda demanda um modelo produtivo menos sofisticado, no sentido de poder atender às necessidades básicas e aos padrões comuns de consumo da população em geral.

Esse setor produtivo é exatamente composto, majoritariamente, de micro e pequenas empresários. Adicionalmente, esse mesmo segmento é o único capaz de verdadeiramente transformar a economia, retirando tantos agentes que se encontram, atualmente, na informalidade. A esse respeito, Sachs observa que:

> Deve-se contemplar [...] uma estratégia que estimule a saída progressiva da informalidade e ampare as múltiplas formas positivas de "empreendedorismo" coletivo e individual existentes no setor informal através de um feixe de políticas públicas capaz de lhes proporcionar o acesso ao mercado de crédito, aos conhecimentos e à tecnologia apropriadas, [...] e aos locais para oficinas e pequenas indústrias [...]
>
> Em outras palavras, uma política ativa de promoção do emprego e de uma melhor distribuição primária de renda, peça central de políticas de indução ao desenvolvimento, passa pela modificação da estrutura do *output-mix*, implicando uma vontade de planejar e uma capacidade de fazê-lo no âmbito de uma economia mista, com um Estado [...] voltado à construção do mercado interno. (Sachs, 2001, p. 51-52)

Todo esse contexto e conjunto normativo serve, ainda, à realização da chamada democracia econômica[92], na medida em que cada vez mais pessoas ficam incluídas no exercício de atividades e de decisões econômicas, fazendo com que o comando do art. 170, IX, da CB se constitua em verdadeiro propulsor do

---

91 Como constou no acórdão do Recurso Extraordinário n. 627.543: "Segundo dados estatísticos públicos e privados, 97,5% (noventa e sete e meio por cento) das empresas registradas em nosso país são microempresas ou empresas de pequeno porte. Essas empresas geram 57% dos empregos formais e respondem por 26% da massa salarial total do Brasil." (Relator Ministro Dias Toffoli, julgamento em 30 out. 2013. Disponível em: <https://redir.stf.jus.br/paginadorpub/paginador.jsp?docTP=TP&docID=7066469>. Acesso em: 23 fev. 2022).

92 Cf. sobre o tema: Bastos; Martins, in Bastos, 1990, p. 36.

empreendedorismo e, consequentemente, do próprio crescimento econômico do país.

O uso de plataformas digitais para tanto é, na contemporaneidade, importante veículo de concretização do princípio constitucional em referência, estando a liberdade dos modelos de negócios promovidos pela internet garantida, *prima facie*, pela liberdade de iniciativa econômica privada e, mais especificamente, no art. 3°, VIII, da Lei Federal n. 12.965/2014[93] (Marco Civil da Internet), orientação que serviu de fundamento para a manutenção da atividade de transporte particular de passageiros por aplicativos pelo STF (cf. RE n. 1.054.110[94] e ADPF n. 449[95], analisados supra).

O tratamento favorecido prescrito no art. 170, IX, da Constituição, tem como inequívoco propósito, portanto, exigir também a formulação de políticas estatais capazes de apaziguar a histórica e insustentável desigualdade de condições com que pequenos empresários competem com macroempresas, garantindo a isonomia[96] necessária ao livre exercício da concorrência, como explicam Fernando Facury Scaff e Luma Cavaleiro de Macedo Scaff (2018, p. 1913): "Não basta que exista o princípio da livre concorrência; é necessário que sejam concedidas condições para que esta se instaure, de tal modo a permitir que as EPPs (Empresas de Pequeno Porte) tenham condições de concorrer".

Foi exatamente essa a interpretação dada pelo STF a respeito do sentido do princípio em questão no julgamento da ADI n. 4.033, em 2010, como se deduz da ementa do acórdão: "O fomento da micro e da pequena empresa foi elevado à condição de princípio constitucional, de modo a orientar todos os entes federados a conferir tratamento favorecido aos empreendedores que contam com menos recursos para fazer frente à concorrência" (Brasil, 2011a).

Para que as empresas de pequeno porte alcancem condições para efetivamente disputar o mercado com as demais empresas, realizando o princípio em referência, o texto constitucional estabeleceu diretrizes norteadoras da política de incentivos a ser implementada pelo Estado, prevendo a criação de um regime

---

93 "Art. 3° A disciplina do uso da internet no Brasil tem os seguintes princípios: [...] VIII – liberdade dos modelos de negócios promovidos na internet, desde que não conflitem com os demais princípios estabelecidos nesta Lei" (Brasil, 2014a).

94 Cujo objeto foi a Lei n. 16.279/2015 do Município de São Paulo, que proibia o uso de carros particulares cadastrados em aplicativos para o transporte remunerado individual de pessoas, tida por inconstitucional pela Corte (Brasil, 2020).

95 Em que se declarou a inconstitucionalidade da Lei n. 10.553/2016 do Município de Fortaleza, proibitiva da atividade de transporte particular de passageiros naquela cidade (Brasil, 2019b).

96 No mesmo sentido, é a lição de Celso Bastos: "É compreensível que se tenha querido dar um tratamento favorecido a essas empresas, sobretudo quando se leva em conta que não é justo impor-se-lhes a mesma quantidade de ônus burocrático que é descarregado em cima das macroempresas, que evidentemente dispõem de recursos em muito maior quantidade para poder enfrentar esta carga burocrática". (Bastos, 1990, p. 36-37).

simplificado de tributação de suas atividades (art. 146, III, "d", parágrafo único[97]) e de atendimento de suas demais obrigações administrativas, fiscais, previdenciárias e creditícias (art. 179[98]).

Em cumprimento a esses comandos, foi editada a Lei Complementar n. 123, de 14 de dezembro de 2006, que estabelece o Estatuto Nacional da Microempresa e da Empresa de Pequeno Porte (Brasil, 2006b), revogando-se as anteriores Leis Federais n. 9.317, de 5 de dezembro de 1996 (Lei do Simples Nacional) e n. 9.841, de 5 de outubro de 1999 (Estatuto da Microempresa).

A norma disciplina o parágrafo único do art. 146 da Constituição veiculando as diretrizes para a concretização do princípio constitucional do tratamento favorecido para empresas brasileiras de pequeno porte.

Em seu art. 12, a Lei Complementar n. 123/2006 institui regime único de arrecadação dos impostos e contribuições da União, dos Estados, do Distrito Federal e dos Municípios devidos pelas microempresas e empresas de pequeno porte, denominado *Simples Nacional*, que confere tratamento jurídico diferenciado aos empreendedores com menor capacidade contributiva e poderio econômico, em atenção à regra do art. 170, IX, da CB, em conjunto com os princípios constitucionais da capacidade contributiva e da isonomia.

O pleno atendimento de todos os comandos orientadores da Constituição Econômica pressupõe que esse regime diferenciado seja estabelecido de forma a não se tornar excessivo ou abusivo. Sua impositividade, portanto, conduz, na linha do entendimento de Celso Bastos, a que "um tratamento excessivamente privilegiado poderá constituir concorrência desleal para as macroempresas, que, ao fim e ao cabo, têm o mesmo direito de disputar no mercado livre a prevalência dos seus interesses mercadológicos" (Bastos, 1990, p. 37). Certamente o favorecimento não deve ir além do necessário para equilibrar a capacidade competitiva das pequenas empresas, discriminando-as positivamente. Essa linha

---

97 "Art. 146. Cabe à lei complementar: [...] III – estabelecer normas gerais em matéria de legislação tributária, especialmente sobre: [...] d) definição de tratamento diferenciado e favorecido para as microempresas e para as empresas de pequeno porte, inclusive regimes especiais ou simplificados no caso do imposto previsto no art. 155, II, das contribuições previstas no art. 195, I e §§ 12 e 13, e da contribuição a que se refere o art. 239. Parágrafo único. A lei complementar de que trata o inciso III, d, também poderá instituir um regime único de arrecadação dos impostos e contribuições da União, dos Estados, do Distrito Federal e dos Municípios, observado que: I – será opcional para o contribuinte; II – poderão ser estabelecidas condições de enquadramento diferenciadas por Estado; III – o recolhimento será unificado e centralizado e a distribuição da parcela de recursos pertencentes aos respectivos entes federados será imediata, vedada qualquer retenção ou condicionamento; IV – a arrecadação, a fiscalização e a cobrança poderão ser compartilhadas pelos entes federados, adotado cadastro nacional único de contribuintes" (Brasil, 1988a).

98 "Art. 179. A União, os Estados, o Distrito Federal e os Municípios dispensarão às microempresas e às empresas de pequeno porte, assim definidas em lei, tratamento jurídico diferenciado, visando a incentivá-las pela simplificação de suas obrigações administrativas, tributárias, previdenciárias e creditícias, ou pela eliminação ou redução destas por meio de lei" (Brasil, 1988a).

divisória entre o necessário e o excessivo, contudo, só pode ser estabelecida em cada situação concreta.

Foi sob esses argumentos que o STF negou provimento ao RE n. 627.543 (Brasil, 2014b), em que se questionava a decisão proferida pelo Tribunal Regional Federal da 4.ª Região, que não permitiu à recorrente, Lona Branca Coberturas e Materiais Ltda., usufruir do regime simplificado de tributação.

A autora dessa demanda questionou a constitucionalidade da exigência instituída pelo art. 17, V[99], da Lei Complementar n. 123/2006, que exclui do regime do Simples Nacional as microempresas e empresas de pequeno porte com débitos perante o INSS e as Fazendas Públicas Federal, Estadual ou Municipal, entendendo que a regra violava a diretriz constitucional constante do art. 146 quanto ao fomento e à proteção aos empreendedores em condição desfavorecida, ao argumento de que aquela restrição legal implicava desequilíbrio concorrencial a tais empresas.

Reconhecendo a repercussão constitucional da matéria, o STF desproveu o recurso por considerar justamente que o regime diferenciado requerido pela Constituição deve ser instituído na exata medida e com o sentido certo de garantir a concorrência em condições isonômicas entre as empresas de pequeno porte e as demais, sem caracterizar vantagens competitivas injustas, como, por exemplo, a desoneração de obrigações fiscais, a que todas as empresas estão igualmente sujeitas.

Evita-se, com a regra, que o Estado prestigie o contribuinte inadimplente em detrimento daquele que cumpre regularmente suas responsabilidades. Foi essa a compreensão adotada pela Corte no caso acerca do sentido do princípio expresso no art. 170, IX, da CB, como restou consignado no respectivo acórdão:

> É mister relembrar que o Simples Nacional surgiu da premente necessidade de o sistema tributário nacional concretizar as diretrizes constitucionais do tratamento jurídico favorecido e diferenciado às microempresas e às empresas de pequeno porte constituídas sob as leis brasileiras. [...] Partindo-se da premissa de que o regime foi criado para diferenciar, em iguais condições, os empreendedores com menor capacidade contributiva e menor poder econômico, é desarrazoado que se conceba um provimento judicial que, nesse universo de contribuintes, acabe por favorecer aqueles em débito com os fiscos pertinentes, os quais participariam do mercado com uma vantagem competitiva em relação àqueles que cumprem pontualmente com suas obrigações. [...] Admitir o ingresso no programa daquele que não possui regularidade fiscal (*lato sensu*) e

99 "Art. 17. Não poderão recolher os impostos e contribuições na forma do Simples Nacional a microempresa ou empresa de pequeno porte: [...] V – que possua débito com o Instituto Nacional do Seguro Social – INSS, ou com as Fazendas Públicas Federal, Estadual ou Municipal, cuja exigibilidade não esteja suspensa; [...]" (Brasil, 2006b).

que já adiantou para o Fisco que não pretende *sequer parcelar o débito, ou mesmo buscar outra forma de suspensão do crédito tributário de que trata o art.* 151 do CTN, é incutir no contribuinte que se sacrificou para honrar seus compromissos a sensação de que o dever de pagar seus tributos é débil e inconveniente, na medida em que *adimplentes* e *inadimplentes* recebem o mesmo tratamento jurídico. *Dessa perspectiva, o art. 17, inciso V, da Lei Complementar nº 123/96 não viola o princípio da isonomia. Ao contrário, confirma o valor da igualdade jurídica. O contribuinte inadimplente que não manifesta seu intento de se regularizar perante à Fazenda Pública não está na mesma situação jurídica daquele que suportou seus encargos.* Entendimento diverso importa em igualar contribuintes em situações juridicamente desiguais. (Brasil, 2014b, grifo do original)

Desse modo, a restrição imposta pela Lei Complementar n. 123/2006 ao benefício do regime de tributação simplificado, longe de significar violação à isonomia, realiza o princípio constitucional do tratamento favorecido às empresas brasileiras de pequeno porte na exata medida da sua instrumentalidade isonômica, permitindo às micro e pequenas empresas usufruir de certas facilidades competitivas quando estejam, como as demais atuantes do mercado, em dia com suas obrigações tributárias.

Com a decisão, o STF definiu a exata medida do comando emergente do art. 170, IX, da CB, que não autoriza a concessão de privilégios ilegítimos em nome de um favorecimento desmedido àqueles atores econômicos, capaz de reverberar em concorrência desleal ou abuso de direito.

Sob a mesma compreensão a respeito do conteúdo do princípio do tratamento diferenciado às empresas brasileiras de pequeno porte é que o STF julgou improcedente a ADI n. 4.033 (Brasil, 2011a), dessa vez para manter o tratamento favorecido outorgado pelo art. 13, parágrafo 3º, da Lei Complementar n. 123/2006, que, no entender da Corte, não ultrapassava os limites do favorecimento isonômico preconizado pelo art. 170, IX, da CB.

Isso porque o dispositivo questionado[100] dispensa as empresas optantes pelo Simples Nacional do pagamento das contribuições destinadas às entidades privadas de serviço social e de formação profissional vinculadas ao sistema sindical, as denominadas *contribuições sindicais patronais*, reduzindo-se as despesas tributárias daquelas empresas como forma de equilibrar sua posição competitiva no mercado.

100 "Art. 13. O Simples Nacional implica o recolhimento mensal, mediante documento único de arrecadação, dos seguintes impostos e contribuições: [...] § 3º As microempresas e empresas de pequeno porte optantes pelo Simples Nacional ficam dispensadas do pagamento das demais contribuições instituídas pela União, inclusive as contribuições para as entidades privadas de serviço social e de formação profissional vinculadas ao sistema sindical, de que trata o art. 240 da Constituição Federal, e demais entidades de serviço social autônomo" (Brasil, 2006b).

A Confederação Nacional do Comércio, autora da demanda, sustentou que a isenção concedida pela norma estaria a ferir a isonomia, "pois coloca em posições antípodas, de um lado, as entidades patronais e, do outro, as entidades que representam os empregados" (Brasil, 2011a), o que oferece risco à manutenção do sindicalismo patronal, além de entender que a contribuição sindical só poderia ser afastada por lei específica, na forma do art. 150, parágrafo 6°, da CB[101].

Sobre o último argumento, o relator, Ministro Joaquim Barbosa, entendeu que a pertinência temática entre a isenção instituída pelo art. 13, parágrafo 3°, da Lei Complementar n. 123/2006 e a matéria versada pela norma como um todo, que cuida de instituir regime diferenciado às pequenas empresas, seria suficiente para não ofender a exigência constitucional de lei específica para tratar de isenções tributárias, restando preservada a transparência do debate legislativo sobre o regime de exonerações perquirido pelo art. 150, parágrafo 6°, da CB.

No que diz respeito à alegação de que a dispensa violaria o art. 146, III, "d" da CB, que não inclui a contribuição patronal no rol de tributos a serem objeto de tratamento diferenciado às microempresas e empresas de pequeno porte, o relator entendeu necessário interpretar essa norma constitucional em conjunto com o art. 170, IX, da mesma Carta, emprestando-lhe a significação permissiva da discriminação positiva em favor dessas empresas, quando necessária ao equilíbrio das condições competitivas com os demais atores do mercado.

No entender da Corte, o comando do art. 146, III, "d"[102], não deve ser compreendido como indicador taxativo dos tributos cuja simplificação está adstrita a reserva de lei complementar, exatamente porque sua interpretação deve ser conformada pelo enunciado do art. 170, IX, de cuja força normativa se extrai a constitucionalidade da isenção concedida, pois "a literalidade da complexa legislação tributária deve ceder à interpretação mais adequada e harmônica com a finalidade de assegurar equivalência de condições para as empresas de menor porte" (Brasil, 2011a).

Daí porque, em exame de ponderação, a Corte entendeu que o tratamento diferenciado às microempresas e empresas de pequeno porte, que o art. 170, inciso IX, da Constituição brasileira preconiza, deve prevalecer sobre a pretensa

101 "Art. 150. Sem prejuízo de outras garantias asseguradas ao contribuinte, é vedado à União, aos Estados, ao Distrito Federal e aos Municípios: [...] § 6° Qualquer subsídio ou isenção, redução de base de cálculo, concessão de crédito presumido, anistia ou remissão, relativos a impostos, taxas ou contribuições, só poderá ser concedido mediante lei específica, federal, estadual ou municipal, que regule exclusivamente as matérias acima enumeradas ou o correspondente tributo ou contribuição, sem prejuízo do disposto no art. 155, § 2.°, XII, g" (Brasil, 1988a).

102 "Art. 146. Cabe à lei complementar: [...] III – estabelecer normas gerais em matéria de legislação tributária, especialmente sobre: [...] d) definição de tratamento diferenciado e favorecido para as microempresas e para as empresas de pequeno porte, inclusive regimes especiais ou simplificados no caso do imposto previsto no art. 155, II, das contribuições previstas no art. 195, I e §§ 12 e 13, e da contribuição a que se refere o art. 239" (Brasil, 1988a).

taxatividade dos tributos indicados no art. 146, III, "d", da mesma Carta, sob pena de se negar normatividade ao princípio constitucional em apreço, como restou consignado na decisão:

> O fomento da atividade das empresas de pequeno porte e das microempresas é objetivo que deve ser alcançado, nos termos da Constituição, na maior medida possível diante do quadro fático e jurídico que estiverem submetidas. Dentre as medidas que podem ser adotadas pelo Estado Brasileiro está a elaboração de regime tributário diferenciado, que tome por premissa a circunstância de as empresas com menor receita não terem potencial competitivo tão desenvolvido como as empresas de maior porte. [...] Em cálculo de ponderação, vejo que a proposta de limitação do regime tributário diferenciado a espécies tributárias específicas pode amesquinhar ou mesmo aniquilar o propósito da instituição de tal regime, que é assegurar o acesso da microempresa e da empresa de pequeno porte à livre-concorrência e à livre-iniciativa. [...] Aqui, o Sistema Tributário subordina-se ao objetivo que os Sistema Econômico e Social demarcam no campo jurídico. (Brasil, 2011a)

Outro interessante argumento deduzido pelo relator para legitimar a isenção conferida pela norma impugnada às empresas optantes pelo Simples Nacional, em consonância com o princípio instituído no art. 170, IX, da Constituição, foi o de que a medida ainda trará como resultado o fortalecimento desses pequenos empresários, que poderão crescer, superando a faixa de isenção, com o que se aumenta a potencial fonte de custeio das entidades de representação patronal pretensamente prejudicadas com a desoneração[103]. A dispensa ainda serve de incentivo à regularização de atividades informais, o que melhorará o perfil dos próprios consumidores, trazendo benefícios inclusive às atividades das empresas de maior porte.

A decisão é particularmente relevante para a compreensão do alcance do princípio do tratamento favorecido para empresas brasileiras de pequeno porte sob duas diferentes dimensões porque reconhece, em primeiro lugar, seu caráter **conformador** (Grau, 2017, p. 251), o que conduz, no caso, à subordinação do sistema tributário ao sistema econômico e social, como entendeu a Corte, já que "o fomento da atividade das pessoas jurídicas submetidas à LC 123/2006 tem primazia ou prioridade sobre a literalidade das disposições específicas sobre matéria tributária" (Brasil, 2011a). Também revela, em segundo lugar, seu sentido

103 Ponto em que divergiu o Ministro Marco Aurélio, por entender que a isenção tributária impugnada geraria um estrangulamento financeiro dos sindicatos patronais, inviabilizando seu funcionamento. Nesse sentido, votou pela procedência da ação, para que fosse conferida interpretação conforme à Lei Complementar n. 123/2006 no sentido de não alcançar a contribuição sindical prevista no art. 589 da Consolidação das Leis do Trabalho.

impositivo (Canotilho, 2003, p. 1166-1167), já que "o tratamento diferenciado não é apenas autorizado pela Constituição, mas exigido" (Brasil, 2011a), demandando--se a atuação do Estado para a consecução de políticas que assegurem um regime mais benéfico aos atores econômicos desprivilegiados, exatamente como se fez por meio do art. 13, parágrafo 3°, da Lei Complementar n. 123/2006.

3.9 Limites à possibilidade de restrição estatal à liberdade de exercício de atividades econômicas: o dever de indenizar o setor sucroalcooleiro pelo tabelamento de preços abaixo do custo de produção

O parágrafo único do art. 170 da CB assegura a todos o livre exercício de qualquer atividade econômica, independentemente de autorização dos órgãos públicos, excetuados apenas os casos em que houver previsão legal quanto aos requisitos para o desenvolvimento de determinada atividade. Reafirma-se, com isso, a livre iniciativa, valor fundante da Ordem Econômica brasileira, de acordo com o *caput* do mesmo dispositivo e os valores sociais da livre iniciativa, fundamento para o Estado, de acordo com o art. 1°, V, da CB, desta feita com o recorte econômico.

Na liberdade econômica do art. 170 da Constituição de 1988, "se localiza a liberdade de empresa e a de empreender individualmente, incluindo, ainda, todos tipos de associativismo, bem como a instrumentalização do empreender e, ademais, a liberdade de estabelecer relações negociais e contratar" (Tavares, 2017).

A norma do art. 170, parágrafo único, tem relação intuitiva com o direito fundamental previsto no art. 5°, XIII, da CB, que assegura a todos, individualmente, o livre exercício de qualquer trabalho ofício ou profissão, atendidas as qualificações que a lei eventualmente estabelecer. O que significa dizer que "nem todos os ofícios ou profissões podem ser condicionadas ao cumprimento de condições legais para o seu exercício. A regra é a liberdade", como decidiu o STF no Recurso Extraordinário n. 414.426 (Brasil, 2011c).

Reforça-se, com o comando constitucional em questão, a dimensão econômica da liberdade geral, conferida à sociedade e à iniciativa privada de desenvolver sem impedimentos as atividades econômicas a que se dispuser, dispensando-se a prévia anuência do Estado, o que é próprio do modelo capitalista adotado pela Ordem Econômica de 1988, salvo a existência de determinação legal. A ressalva, portanto, sujeita as eventuais restrições estatais à liberdade de iniciativa econômica ao comando constitucional da legalidade, como observou Eros Grau (2017, p. 201).

Isso porque a CB não apenas admite, como já afirmamos, mas também requer, em determinadas situações, a presença e atuação do Estado na economia, desde que orientada pela realização dos valores sociais consagrados, nas hipóteses constitucionalmente admitidas, como forma de garantir que os legítimos interesses mercadológicos dos particulares também estejam a serviço da promoção de benefícios a toda a sociedade, com respeito ao meio ambiente, ao consumidor, à dignidade da pessoa humana e ao valor social do trabalho, entre outros[104].

O papel da atuação do Estado Social sobre o domínio econômico no constitucionalismo contemporâneo é, sem dúvida, o de assegurar a instrumentalidade do capital e do lucro com vistas à realização da justiça social, daí porque se garante, como regra, a ilimitação de principiar a atividade econômica (Ferraz Júnior, 1989) concomitante à possibilidade de atuação estatal para garantir a efetivação dos valores consagrados na Ordem Econômica de 1988 e, mais especificamente, dos deveres constitucionais do Estado para com a sociedade.

Foi exatamente esse o entendimento do STF na ADPF n. 101, na qual se discutiu a possibilidade de importação de pneus usados. Concluiu-se, nesse caso, que embora a Constituição resguarde o livre exercício de qualquer atividade econômica,

104 É o que se colhe da lição de Tércio Sampaio Ferraz Júnior (1989): "Afirma-se, pois, que a estrutura da ordem está centrada na atividade das pessoas e dos grupos e não na atividade do Estado. Isto não significa, porém, uma ordem do 'laissez faire', posto que a livre iniciativa se conjuga com a valorização do trabalho humano. Mas a liberdade, como fundamento, pertence a ambos. Na iniciativa, em termos de liberdade negativa, da ausência de impedimentos e da expansão da própria criatividade. Na valorização do trabalho humano, em termos de liberdade positiva, de participação sem alienações na construção da riqueza econômica. Não há, pois, propriamente, um sentido absoluto e ilimitado na livre iniciativa, que por isso não exclui a atividade normativa e reguladora do Estado. Mas há ilimitação no sentido de principiar a atividade econômica, de espontaneidade humana na produção de algo novo, de começar algo que não estava antes. Esta espontaneidade, base da produção da riqueza, é o fator estrutural que não pode ser negado pelo Estado. Se, ao fazê-lo, o Estado a bloqueia e impede, não está intervindo, no sentido de normar e regular, mas dirigindo e, com isso, substituindo-se a ela na estrutura fundamental do mercado".

permite a sua limitação[105] em nome de princípios de idêntica estatura constitucional, como a preservação do meio ambiente, cuja proteção restaria frustrada caso permitida a atividade. É o que consignou em seu voto o Ministro Gilmar Mendes:

> Também o parágrafo único do artigo 170 da Constituição aponta para a possibilidade de restrições legais ao livre exercício de qualquer atividade econômica. Consideram-se restrições legais aquelas limitações que o legislador impõe a determinados direitos individuais, respaldado em expressa autorização constitucional. Os diversos sistemas constitucionais preveem diferentes modalidades de limitação ou restrição dos direitos individuais, levando em conta a experiência histórica e tendo em vista considerações de índole sociológica ou cultural. Tem relevância, na espécie, a dimensão objetiva dos direitos fundamentais à saúde e ao meio ambiente ecologicamente equilibrado, bem como a explicitação de um limite constitucionalmente expresso ao exercício do direito individual assegurado de livre iniciativa e livre comércio. (Brasil, 2012)

A medida da justa conformação estatal da amplíssima liberdade econômica consagrada no parágrafo único do art. 170, portanto, é determinada justamente pelos princípios constitucionais da Ordem Econômica de 1988, além da própria modelagem transformadora da Constituição de 1988 em si mesma considerada.

A restrição governamental por lei ao sistema constitucional de liberdade econômica fica reservada a situações que devem ser informadas por "um parâmetro constitucionalmente legítimo e adequar-se ao teste da proporcionalidade", conforme o entendimento apresentado pelo Ministro Luiz Fux, relator da ADPF n. 449 (Brasil, 2019b).

No mesmo sentido é o entendimento sustentado por Bastos (1990), entre outros, pela inconstitucionalidade da norma que, ao contrário, imponha limitações a atividades econômicas sobre cujo exercício inexista interesse público a justificar uma tutela estatal específica, caso em que restaria violada a própria liberdade de iniciativa. Nessa linha de raciocínio, a autorização que o parágrafo único do art. 170 ressalva só poderia ser aquela necessária à estrita preservação

---

105 Em seu voto, o Ministro Marco Aurélio, vencido, aplicava o mesmo princípio como causa para o julgamento improcedente da demanda, por entender que a proibição da atividade, não regulada em lei, contrariava justamente o preceito em questão: "O parágrafo único do artigo 170 preceitua que: 'É assegurado a todos o livre exercício de qualquer atividade econômica, independentemente de autorização de órgãos públicos, salvo nos casos previstos em lei.' Não conheço diploma com essa envergadura, passível de ser enquadrado como lei, que proíba a importação das carcaças que são transformadas no Brasil – e as fábricas eram pelo menos inúmeras – em pneus a serem utilizados e a serem colocados por um preço, como disse, mais acessível do que o normalmente cobrado pelas produtoras de pneus novos. Inexiste lei que, no caso, proíba a livre concorrência – que parece muito temida pelos fabricantes de pneus" (ADPF n. 101, Relatora Ministra Cármen Lúcia, julgamento em 24 jun. 2009. Brasil, 2012).

dos interesses da sociedade, de que deve o Estado cuidar, nos termos em que se lê a afirmação do autor:

> Não é lícito à lei fazer depender de autorização de órgãos públicos atividades não sujeitas à exploração pelo Estado nem a uma especial regulação por parte do poder de polícia. É aceitável, pois, que dependam de autorização certas atividades sobre as quais o Estado tenha necessidade de exercer uma tutela, quanto ao seu desempenho no atinente à segurança, à salubridade pública etc. Traduzir-se-á em inconstitucionalidade se a lei extravasar estes limites e passar, ao seu talante, a fazer depender de autorização legislativa as mais diversas atividades econômicas. Isto equivaleria sem dúvida a uma manifesta negação do princípio da livre iniciativa inserido na cabeça desse artigo. (Bastos, 1990, p. 39)

Esse é um ponto extremamente polêmico na literatura em geral porque há certa zona considerada como de baixa densidade constitucional sobre os limites exatos do Estado e, igualmente, os do mercado privado, de maneira que certas cargas ideológicas despontam com mais intensidade na fixação do sentido constitucional. A esse propósito, temos a convicção de que a Constituição de 1988 está integralmente voltada para a transformação da sociedade econômica brasileira, por meio de todo um arranjo interno especificamente construído para tanto, como já acentuado inicialmente nesta obra[106].

Em sendo assim, o discurso de que a presença do Estado é subsidiária ou excepcional não atende à Constituição em vigor, que, ciente das necessidades de um país situado na periferia do capitalismo, albergou todo um conjunto de deveres e de hipóteses de cunho tipicamente econômico ao Estado brasileiro. Isso não infirma o modelo capitalista, nem atinge o núcleo essencial de direitos econômicos da liberdade privada. Apenas se deve observar o caminho constitucionalmente delineado para fins de promover o desenvolvimento pleno, e não a subserviência a uma espécie de pensamento libertário como um fim em si mesmo que, invariavelmente, apenas beneficia um pequeno grupo de atores privados e o setor produtivo das nações mais poderosas.

A tutela contra agressões ao ambiente econômico livre, como resguardado pela norma em estudo, deve se dar pela ação de um árbitro imparcial, diferente do agente regulador, como é o Poder Judiciário. Assim entendeu o STF na ADPF n. 449:

> Estabelecido que o exercício de atividades econômicas e profissionais por particulares deve ser protegido da coerção arbitrária por parte do Estado, cumpre definir a quem compete, em última instância, a fiscalização da observância dos limites do poder regulador. Limites definidos e implementados pelo próprio

---

106 Cf. Capítulo 1.

ente limitado desafiam a ideia de estado de direito, dando azo ao surgimento de instância hegemônica de poder. [...] À luz do sistema de freios e contrapesos estabelecidos na Constituição brasileira, compete ao Poder Judiciário invalidar atos normativos que estabeleçam restrições desproporcionais à livre iniciativa e à liberdade profissional. (Brasil, 2019b)

Trata-se, assim, de uma interessante aplicação da ideia de função arbitral da Corte (cf. Tavares, 2005). O mesmo raciocínio foi utilizado como razão de decidir pelo STF em casos nos quais ficou evidenciado o conflito entre a regulação estatal (art. 174) e o livre exercício de atividades profissionais (art. 5º, XIII) e econômicas (art. 170, parágrafo único), como no RE n. 511.961[107], no qual se reconheceu a invalidade da norma que exigia o diploma de curso superior de jornalismo para a atividade[108], assim como no RE n. 1.054.110 (Brasil, 2020) e na já citada ADPF n. 449 (Brasil, 2019b), na qual se firmou a inconstitucionalidade das leis dos Municípios de São Paulo e de Fortaleza que, respectivamente, proibiam a atividade de transporte individual urbano de passageiros por intermédio de plataformas digitais.

Da mesma forma, na ADI n. 5.077 (Brasil, 2018c), julgada em 2018, a Corte declarou a inconstitucionalidade dos dispositivos da Lei n. 3.213/2013 do Estado de Rondônia, que, ao dispor sobre o licenciamento ambiental da atividade garimpeira naquela unidade federativa, além de violar competência privativa da União para legislar sobre jazidas, minas e outros recursos minerais[109], proibiu a expedição da licença de operação a pessoas físicas, limitando de forma excessiva o exercício da atividade garimpeira (Rondônia, 2013).

A Corte não só entendeu que a norma padecia de vício formal, por cuidar de matéria reservada à União, como vislumbrou a ilegitimidade da restrição imposta a essa atividade econômica por pessoas físicas, contrariando o art. 174,

---

107 RE n. 511.961. Relator Ministro Gilmar Mentes, julgamento em 17 jun. 2009. Disponível em: <https://redir.stf.jus.br/paginadorpub/paginador.jsp?docTP=AC&docID=605643>. Acesso em: 18 fev. 2022.

108 Conforme decidiu a Corte: "No âmbito do modelo de reserva legal qualificada presente na formulação do art. 5º, XIII, da Constituição de 1988, paira uma imanente questão constitucional quanto à razoabilidade e proporcionalidade das leis restritivas, especificamente, das leis que disciplinam as qualificações profissionais como condicionantes do livre exercício das profissões. [...] A reserva legal estabelecida pelo art. 5º, XIII, não confere ao legislador o poder de restringir o exercício da liberdade profissional a ponto de atingir o seu próprio núcleo essencial. [...] No campo da profissão de jornalista, não há espaço para a regulação estatal quanto às qualificações profissionais. O art. 5o, incisos IV, IX, XIV, e o art. 220, não autorizam o controle, por parte do Estado, quanto ao acesso e exercício da profissão de jornalista. Qualquer tipo de controle desse tipo, que interfira na liberdade profissional no momento do próprio acesso à atividade jornalística, configura, ao fim e ao cabo, *controle prévio* que, em verdade, caracteriza *censura prévia* das liberdades de expressão e de informação, expressamente vedada pelo art. 5º, inciso IX, da Constituição" (Brasil, 2009e, grifo do original).

109 Conforme o art. 22, inciso XII, da CB: "Art. 22. Compete privativamente à União legislar sobre: [...] XII – jazidas, minas, outros recursos minerais e metalurgia; [...]" (Brasil, 1988a).

parágrafo 3º da CB[110], que não impede a prática individual, mas estimula sua organização em cooperativas, e também a garantia constitucional da liberdade de iniciativa e de exercício econômico, assegurada no art. 170, parágrafo único, como constou no acórdão:

> Compete privativamente à União legislar sobre jazidas, minas, outros recursos minerais e metalurgia (CF/1988, art. 22, XII), em razão do que incorre em inconstitucionalidade a norma estadual que, a pretexto de regulamentar o licenciamento ambiental, impede o exercício de atividade garimpeira por pessoas físicas. A diretriz fixada pelo constituinte, de favorecimento da organização da atividade garimpeira em cooperativas (art. 174, § 3º, da CF), não permite o extremo de limitar a prática de garimpagem apenas aos associados a essas entidades, sob pena de violação à garantia constitucional da liberdade de iniciativa e de livre associação (art. 1º, IV, art. 5º, XX, e art. 170, parágrafo único, da CF). (Brasil, 2018b)

Do princípio em análise também decorre que a intervenção estatal que frustre a legítima perspectiva do exercício econômico livre resguardada no art. 170, parágrafo único da CB pode dar causa a ulterior indenização dos agentes econômicos prejudicados com o ilegítimo excesso regulatório que restrinja, indevidamente, os direitos econômicos particulares.

Realmente, a "liberdade de contratar, como parte da livre iniciativa, é liberdade a ela instrumental, que permite produzir, comprar e vender, *fixar preços* e quantidades, observada a bilateralidade contratual como limite de conteúdo e dos quantitativos envolvidos" (Tavares, 2017, grifo nosso).

O STF já analisou o tema em diversas ocasiões, entendendo ser contrária, ao princípio em questão, a fixação de preços pelo Poder Público em valor inferior à praxe comercial, ensejando a correspondente reparação dos prejuízos causados aos particulares.

Foi o que se deu no âmbito dos Recursos Extraordinários n. 422.941 (Brasil, 2006h) e n. 648.622 (Brasil, 2013), nos quais o STF reconheceu a invalidade do estabelecimento pelo Poder Executivo de preços aos produtos derivados de cana-de-açúcar abaixo do seu custo, reconhecendo o dever de indenizar os agentes econômicos prejudicados.

No primeiro caso, a recorrente (Destilaria Alto Alegre S/A) obteve, em primeira instância, o direito de ver indenizados os prejuízos advindos da intervenção

110 "Art. 174. Como agente normativo e regulador da atividade econômica, o Estado exercerá, na forma da lei, as funções de fiscalização, incentivo e planejamento, sendo este determinante para o setor público e indicativo para o setor privado. [...] § 3º O Estado favorecerá a organização da atividade garimpeira em cooperativas, levando em conta a proteção do meio ambiente e a promoção econômico-social dos garimpeiros" (Brasil, 1988a).

da União no domínio econômico que resultou na fixação da tabela de preços para o setor sucroalcooleiro em patamares inferiores aos apurados e propostos pelo Instituto Nacional do Açúcar e do Álcool, decisão que foi reformada pelo Superior Tribunal de Justiça em sede de recurso especial, no qual se entendeu haver discricionariedade do Estado "na adequação das necessidades públicas ao contexto econômico estatal" (Brasil, 2006h).

O STF conheceu do recurso, dando-lhe provimento por considerar que a intervenção do Estado sobre o campo econômico é prerrogativa que deve atender aos princípios e fundamentos da Ordem Econômica. Disso se concluiu ser ilegítimo o tabelamento de preços em montantes inferiores ao necessário para o próprio custeio da produção. Realmente, essa medida atinge o núcleo do livre exercício da atividade econômica resguardado no art. 170, parágrafo único, da CB, conforme reconheceu o STF na decisão em análise:

> De fato, o texto constitucional de 1988 é claro ao autorizar a intervenção estatal na economia, por meio da regulamentação e da regulação de setores econômicos. Entretanto, o exercício de tal prerrogativa deve se ajustar aos princípios e fundamentos da Ordem Econômica, nos termos do art. 170 da Constituição. [...] No caso, a fixação de preços a serem praticados pela Recorrente, por parte do Estado, em valores abaixo da realidade e em desconformidade com a legislação aplicável ao setor constitui-se em sério empecilho ao livre exercício da atividade econômica, em desrespeito ao princípio da liberdade de iniciativa. (Brasil, 2006h)

Com isso, a Corte reconheceu o direito à indenização dos danos patrimoniais suportados pela autora, pois, embora seja absolutamente lícito ao Estado atuar na economia e, mais do que isso, intervir na atividade produtiva de precificação dos particulares, quando imprescindível para assegurar, por exemplo, o abastecimento nacional, tal atuação deve se ajustar aos demais valores assegurados pela Ordem Econômica de 1988 e resguardar o conteúdo mínimo do direito econômico dos particulares.

No mesmo sentido foi a decisão proferida pelo STF no Recurso Extraordinário n. 648.622 (Brasil, 2013), proposto pela União contra a decisão que reconheceu o direito à indenização material pela fixação, por parte do Poder Público, de valores inferiores ao preço de custo para o setor sucroalcooleiro durante o período dos planos de estabilização econômica dos anos 1980 e 1990. A União pretendia sustentar que o tabelamento de preços no patamar estabelecido estava no campo da discricionariedade administrativa, inexistindo, por esse motivo, dever de indenizar. Reafirmando a orientação adotada no Agravo Regimental no Agravo de Instrumento n. 683.098 no sentido de que "a fixação de preços em valores abaixo da realidade é obstáculo ao livre exercício da atividade econômica, com desrespeito à livre iniciativa" (Brasil, 2010b), a Corte manteve a decisão recorrida, reconhecendo a responsabilidade objetiva do Estado de indenizar os particulares prejudicados pelo estabelecimento de política econômica que, além de danos patrimoniais, causou "insegurança e instabilidade, desfavoráveis à coletividade e, em última análise, ao próprio consumidor" (Brasil, 2013).

Firma-se, com isso, o entendimento do STF sobre o conteúdo e o alcance do comando emergente do art. 170, parágrafo único, da CB quanto à possibilidade de imposição pelo Estado, na qualidade de agente normativo e regulador da economia, de restrições ao exercício de atividades econômicas.

Considerações finais

Esta obra teve por objetivo apresentar, sob a perspectiva da jurisprudência do Supremo Tribunal Federal (STF), o sentido e o alcance das normas fundantes da Ordem Econômica brasileira, oferecendo ao leitor um direito constitucional econômico aplicado, acompanhado da análise das funções desenvolvidas pela Corte em cada *case* econômico comentado.

Revela-se, com isso, a cada capítulo, o contexto, o significado e o alcance da atuação da Justiça Constitucional brasileira como copartícipe da esfera estatal atuante sobre a economia, por meio da concretização dos comandos constitucionais que projetam e conduzem essa atividade com vistas à consecução dos valores plasmados pelo constituinte de 1988.

A sistemática da Constituição brasileira (CB) de 1988 não apenas confere ao STF o papel de guardião último de seu texto, incumbindo-lhe de fixar seu significado com definitividade, como também conclama a participação de toda a sociedade na condução da coisa pública ao estabelecer verdadeiro sistema de democracia participativa (cf. seu art. 1º, parágrafo único) e, simultaneamente, consagrar o princípio da inafastabilidade da apreciação judicial, imune a possíveis restrições legislativas (cf. seu art. 5º, XXXV).

Dessa sistemática, resulta a plena possibilidade franqueada a toda a sociedade e a seus representantes legítimos em deflagrarem essa acessibilidade ampla à Justiça Constitucional para obter mais e melhor realização de preceitos e valores da Ordem Econômica brasileira, seja validando as políticas públicas estatais com eles compatíveis, seja buscando a retificação das que se dissociarem desses mandamentos. Tudo sob o sentido último que a Corte atribuir a essas normas, como se demonstrou ao longo desta obra, dada sua amplitude cognitiva e abertura semântica.

Para tanto, foram examinadas, ao longo desta obra, 38 decisões do STF que fixam o sentido de cada norma constante do art. 170 da CB, concretizando as regras e os valores da Constituição Econômica de 1988, em uma análise que pode contribuir significativamente para a teoria e a prática do direito constitucional econômico sob a racionalidade do STF e seus impactos sobre a realidade socioeconômica do país.

A sistematização temática das decisões constante do índice remissivo apresentado a seguir objetiva facilitar a consulta do leitor acerca das diretrizes e racionalidades interpretativas fixadas pela Corte para cada matéria examinada nos três capítulos da obra.

Siglas empregadas

ADI	Ação Direta de Inconstitucionalidade
ARE-AgR	Agravo Regimental no Recurso Extraordinário com Agravo
ADPF	Arguição de Descumprimento de Preceito Fundamental
CDC	Código de Defesa do Consumidor
CEPAL	Comissão Econômica para a América Latina e o Caribe
CB	Constituição do Brasil de 1988
HC	Habeas Corpus
IPI	Imposto sobre Produtos Industrializados
LC	Lei Complementar
AC-MC	Medida Cautelar em Ação Cautelar
ONU	Organização das Nações Unidas
RE	Recurso Extraordinário
STF	Supremo Tribunal Federal
TJSP	Tribunal de Justiça do Estado de São Paulo
TRF3	Tribunal Regional Federal da 3ª Região
TRF4	Tribunal Regional Federal da 4ª Região

Índice temático de decisões

Constituição Econômica: definição

Ação Direta de Inconstitucionalidade n. 1.950. Relator Ministro Eros Grau, julgamento em 3 nov. 2005. Disponível em: <https://redir.stf.jus.br/paginadorpub/paginador.jsp?docTP=AC&docID=266808>. Acesso em: 28 mar. 2022.

Agravo Regimental no Recurso Extraordinário n. 597.165. Relator Ministro Celso de Mello, julgamento em 4 nov. 2014. Disponível em: <https://redir.stf.jus.br/paginadorpub/paginador.jsp?docTP=TP&docID=7432871.> Acesso em: 28 mar. 2022.

Arguição de Descumprimento de Preceito Fundamental n. 46. Relator originário Ministro Marco Aurélio. Relator para o acórdão Ministro Eros Grau, julgamento em 5 ago. 2009. Disponível em: <https://redir.stf.jus.br/paginadorpub/paginador.jsp?docTP=AC&docID=608504>. Acesso em: 28 mar. 2022.

Arguição de Descumprimento de Preceito Fundamental n. 449. Relator Ministro Luiz Fux, julgamento em 8 maio 2019. Disponível em: <https://redir.stf.jus.br/paginadorpub/paginador.jsp?docTP=TP&docID=750684777>. Acesso em: 28 mar. 2022.

Questão de Ordem na Ação Direta de Inconstitucionalidade n. 319. Relator Ministro Moreira Alves, julgamento em 30 abr. 1993. Disponível em: <https://redir.stf.jus.br/paginadorpub/paginador.jsp?docTP=AC&docID=918>. Acesso em: 28 mar. 2022.

Declaração incidental de inconstitucionalidade em sede de Ação Direta

Ação Direta de Inconstitucionalidade n. 3.937. Relator Ministro Marco Aurélio, julgamento em 24 ago. 2017. Disponível em: <https://redir.stf.jus.br/paginadorpub/paginador.jsp?docTP=TP&docID=749028439>. Acesso em: 28 mar. 2022.

Ação Direta de Inconstitucionalidade n. 4.029. Relator Ministro Luiz Fux, julgamento em 8 mar. 2012. Disponível em: <https://redir.stf.jus.br/paginadorpub/paginador.jsp?docTP=TP&docID=2227089>. Acesso em: 28 mar. 2022.

Existência digna (art. 170, *caput*, da Constituição Brasileira – CB)

Ação Direta de Inconstitucionalidade n. 2.649. Relatora Ministra Cármen Lúcia, julgamento em 8 maio 2008. Disponível em: <https://redir.stf.jus.br/paginadorpub/paginador.jsp?docTP=AC&docID=555517>. Acesso em: 28 mar. 2022.

Ação Direta de Inconstitucionalidade n. 4.066. Relatora Ministra Rosa Weber, julgamento em 24 ago. 2017. Disponível em: <https://redir.stf.jus.br/paginadorpub/paginador.jsp?docTP=TP&docID=14452232>. Acesso em: 28 mar. 2022.

Arguição de Descumprimento de Preceito Fundamental n. 46. Relator originário Ministro Marco Aurélio. Relator para o acórdão Ministro Eros Grau, julgamento em 5 ago. 2009. Disponível em: <https://redir.stf.jus.br/paginadorpub/paginador.jsp?docTP=AC&docID=608504>. Acesso em: 28 mar. 2022.

Recurso Extraordinário n. 359.444. Relator originário Ministro Carlos Velloso. Relator para o acórdão Ministro Marco Aurélio, julgamento em 24 mar. 2004. Disponível em: <https://redir.stf.jus.br/paginadorpub/paginador.jsp?docTP=AC&docID=261471>. Acesso em: 28 mar. 2022.

Justiça social (art. 170, *caput*, CB)

Ação Direta de Inconstitucionalidade n. 2.649. Relatora Ministra Cármen Lúcia, julgamento em 8 maio 2008. Disponível em: <https://redir.stf.jus.br/paginadorpub/paginador.jsp?docTP=AC&docID=555517>. Acesso em: 28 mar. 2022.

Arguição de Descumprimento de Preceito Fundamental n. 186. Relator Ministro Ricardo Lewandowski, julgamento em 26 abr. 2012. Disponível em: <https://redir.stf.jus.br/paginadorpub/paginador.jsp?docTP=TP&docID=6984693>. Acesso em: 28 mar. 2022.

Livre iniciativa (art. 170, *caput*, CB)

Ação Direta de Inconstitucionalidade n. 1.950. Relator Ministro Eros Grau, julgamento em 3 nov. 2005. Disponível em: <https://redir.stf.jus.br/paginadorpub/paginador.jsp?docTP=AC&docID=266808>. Acesso em: 28 mar. 2022.

Ação Direta de Inconstitucionalidade n. 2.649. Relatora Ministra Cármen Lúcia, julgamento em 8 maio 2008. Disponível em: <https://redir.stf.jus.br/paginadorpub/paginador.jsp?docTP=AC&docID=555517>. Acesso em: 28 mar. 2022.

Ação Direta de Inconstitucionalidade n. 2.832. Relator Ministro Ricardo Lewandowski, julgamento em 7 maio 2008. Disponível em: <https://redir.stf.jus.br/paginadorpub/paginador.jsp?docTP=AC&docID=534975>. Acesso em: 28 mar. 2022.

Ação Direta de Inconstitucionalidade n. 3.512. Relator Ministro Eros Grau, julgamento em 15 fev. 2006. Disponível em: <https://redir.stf.jus.br/paginadorpub/paginador.jsp?docTP=AC&docID=363387>. Acesso em: 28 mar. 2022.

Ação Direta de Inconstitucionalidade n. 3.937. Relator Ministro Marco Aurélio, julgamento em 24 ago. 2017. Disponível em: <https://redir.stf.jus.br/paginadorpub/paginador.jsp?docTP=TP&docID=749028439>. Acesso em: 28 mar. 2022.

Ação Direta de Inconstitucionalidade n. 4.613. Relator Ministro Dias Toffoli, julgamento em 3 dez. 2018. Disponível em: <https://redir.stf.jus.br/paginadorpub/paginador.jsp?docTP=TP&docID=748774419>. Acesso em: 28 mar. 2022.

Agravo Regimental no Agravo de Instrumento n. 683.098. Relatora Ministra Ellen Gracie, julgamento em 1º jun. 2010. Disponível em: <https://redir.stf.jus.br/paginadorpub/paginador.jsp?docTP=AC&docID=612627>. Acesso em: 28 mar. 2022.

Agravo Regimental no Recurso Extraordinário com Agravo n. 1.104.226. Relator Ministro Roberto Barroso, julgamento em 27 abr. 2018. Disponível em: <https://redir.stf.jus.br/paginadorpub/paginador.jsp?docTP=TP&docID=14880350>. Acesso em: 28 mar. 2022.

Arguição de Descumprimento de Preceito Fundamental n. 101. Relatora Ministra Cármen Lúcia, julgamento em 24 jun. 2009. Disponível em: <https://redir.stf.jus.br/paginadorpub/paginador.jsp?docTP=AC&docID=629955>. Acesso em: 28 mar. 2022.

Arguição de Descumprimento de Preceito Fundamental n. 449. Relator Ministro Luiz Fux, julgamento em 8 maio 2019. Disponível em: <https://redir.stf.jus.br/paginadorpub/paginador.jsp?docTP=TP&docID=750684777>. Acesso em: 28 mar. 2022.

Medida Cautelar em Ação Cautelar n. 1.657. Relator originário Ministro Joaquim Barbosa, Relator para o acórdão Ministro Cezar Peluso, julgamento em 27 jun. 2007. Disponível em: <https://redir.stf.jus.br/paginadorpub/paginador.jsp?docTP=AC&docID=484304>. Acesso em: 28 mar. 2022.

Recurso Extraordinário n. 349.686. Relatora Ministra Ellen Gracie, julgamento em 14 jun. 2005. Disponível em: <https://redir.stf.jus.br/paginadorpub/paginador.jsp?docTP=AC&docID=261185>. Acesso em: 28 mar. 2022.

Recurso Extraordinário n. 422.941. Relator Ministro Carlos Velloso, julgamento em 06 dez. 2005. Disponível em: <https://redir.stf.jus.br/paginadorpub/paginador.jsp?docTP=AC&docID=368446>. Acesso em: 28 mar. 2022.

Recurso Extraordinário n. 648.622. Relator Ministro Luiz Fux, julgamento em 17 fev. 2012. Disponível em: <http://portal.stf.jus.br/processos/downloadPeca.asp?id=54516617&ext=.pdf>. Acesso em: 28 mar. 2022.

Recurso Extraordinário n. 1.054.110. Relator Ministro Roberto Barroso, julgamento em 9 maio 2017. Disponível em: <https://redir.stf.jus.br/paginadorpub/paginador.jsp?docTP=TP&docID=750765676>. Acesso em: 28 mar. 2022.

Ordem Econômica (art. 170, *caput*, CB)

Ação Direta de Inconstitucionalidade n. 1.950. Relator Ministro Eros Grau, julgamento em 3 nov. 2005. Disponível em: <https://redir.stf.jus.br/paginadorpub/paginador.jsp?docTP=AC&docID=266808>. Acesso em: 28 mar. 2022.

Agravo Regimental no Recurso Extraordinário n. 597.165. Relator Ministro Celso de Mello, julgamento em 4 nov. 2014. Disponível em: <https://redir.stf.jus.br/paginadorpub/paginador.jsp?docTP=TP&docID=7432871>. Acesso em: 28 mar. 2022.

Arguição de Descumprimento de Preceito Fundamental n. 46. Relator originário Ministro Marco Aurélio. Relator para o acórdão Ministro Eros Grau, julgamento em 5 ago. 2009. Disponível em: <https://redir.stf.jus.br/paginadorpub/paginador.jsp?docTP=AC&docID=608504>. Acesso em: 28 mar. 2022.

Arguição de Descumprimento de Preceito Fundamental n. 449. Relator Ministro Luiz Fux, julgamento em 8 maio 2019. Disponível em: <https://redir.stf.jus.br/paginadorpub/paginador.jsp?docTP=TP&docID=750684777>. Acesso em: 28 mar. 2022.

Questão de Ordem na Ação Direta de Inconstitucionalidade n. 319. Relator Ministro Moreira Alves, julgamento em 30 abr. 1993. Disponível em: <https://redir.stf.jus.br/paginadorpub/paginador.jsp?docTP=AC&docID=918>. Acesso em: 28 mar. 2022.

Princípio da busca do pleno emprego (art. 170, inciso VIII, CB)

Arguição de Descumprimento de Preceito Fundamental n. 449. Relator Ministro Luiz Fux, julgamento em 8 maio 2019. Disponível em: <https://redir.stf.jus.br/paginadorpub/paginador.jsp?docTP=TP&docID=750684777>. Acesso em: 28 mar. 2022.

Recurso Extraordinário n. 1.054.110. Relator Ministro Roberto Barroso, julgamento em 9 maio 2017. Disponível em: <https://redir.stf.jus.br/paginadorpub/paginador.jsp?docTP=TP&docID=750765676>. Acesso em: 28 mar. 2022.

Princípio da defesa do consumidor (art. 170, inciso V, CB)

Ação Direta de Inconstitucionalidade n. 2.359. Relator Ministro Eros Grau, julgamento em 27 set. 2006. Disponível em: <https://redir.stf.jus.br/paginadorpub/paginador.jsp?docTP=AC&docID=393960>. Acesso em: 28 mar. 2022.

Ação Direta de Inconstitucionalidade n. 2.832. Relator Ministro Ricardo Lewandowski, julgamento em 7 maio 2008. Disponível em: <https://redir.stf.jus.br/paginadorpub/paginador.jsp?docTP=AC&docID=534975>. Acesso em: 28 mar. 2022.

Ação Direta de Inconstitucionalidade n. 4.613. Relator Ministro Dias Toffoli, julgamento em 3 dez. 2018. Disponível em: <https://redir.stf.jus.br/paginadorpub/paginador.jsp?docTP=TP&docID=748774419>. Acesso em: 28 mar. 2022.

Agravo de Instrumento n. 636.883. Relatora Ministra Cármen Lúcia, julgamento em 8 fev. 2011. Disponível em: <http://portal.stf.jus.br/processos/detalhe.asp?incidente=1441153>. Acesso em: 28 mar. 2022.

Recurso Extraordinário n. 172.720. Relator Ministro Marco Aurélio, julgamento em 21 fev. 1997. Disponível em: <https://redir.stf.jus.br/paginadorpub/paginador.jsp?docTP=AC&docID=219795>. Acesso em: 28 mar. 2022.

Recurso Extraordinário n. 214.349. Relator Ministro Moreira Alves, julgamento em 13 abr. 1999. Disponível em: <https://redir.stf.jus.br/paginadorpub/paginador.jsp?docTP=AC&docID=245337>. Acesso em: 28 mar. 2022.

Recurso Extraordinário n. 297.901. Relatora Ministra Ellen Gracie, julgamento em 31 mar. 2006. Disponível em: <https://redir.stf.jus.br/paginadorpub/paginador.jsp?docTP=AC&docID=260411>. Acesso em: 28 mar. 2022.

Recurso Extraordinário n. 349.686. Relatora Ministra Ellen Gracie, julgamento em 14 jun. 2005. Disponível em: <http://portal.stf.jus.br/processos/detalhe.asp?incidente=2035745>. Acesso em: 28 mar. 2022.

Recurso Extraordinário n. 351.750. Relator Ministro Marco Aurélio, julgamento em 17 mar. 2009. Disponível em: <https://redir.stf.jus.br/paginadorpub/paginador.jsp?docTP=AC&docID=603051>. Acesso em: 28 mar. 2022.

Recurso Extraordinário n. 636.331. Relator Ministro Gilmar Mendes, julgamento em 25 maio 2017. Disponível em: <https://redir.stf.jus.br/paginadorpub/paginador.jsp?docTP=TP&docID=14028416>. Acesso em: 28 mar. 2022.

Recurso Extraordinário com Agravo n. 766.618. Relator Ministro Roberto Barroso, julgamento em 25 maio 2017. Disponível em: <https://redir.stf.jus.br/paginadorpub/paginador.jsp?docTP=TP&docID=14028508>. Acesso em: 28 mar. 2022.

Recurso Ordinário em Mandado de Segurança n. 23.732. Relator Ministro Gilmar Mendes, julgamento em 17 nov. 2009. Disponível em: <https://redir.stf.jus.br/paginadorpub/paginador.jsp?docTP=AC&docID=608237>. Acesso em: 28 mar. 2022.

Princípio da defesa do meio ambiente (art. 170, inciso VI, CB)

Arguição de Descumprimento de Preceito Fundamental n. 101. Relatora Ministra Cármen Lúcia, julgamento em 24 jun. 2009. Disponível em: <https://redir.stf.jus.br/paginadorpub/paginador.jsp?docTP=AC&docID=629955>. Acesso em: 28 mar. 2022.

Medida Cautelar na Ação Direta de Inconstitucionalidade n. 3.540. Relator Ministro Celso de Mello, julgamento em 1º set. 2005. Disponível em: <https://redir.stf.jus.br/paginadorpub/paginador.jsp?docTP=AC&docID=387260>. Acesso em: 28 mar. 2022.

Recurso Extraordinário n. 519.778. Relator Ministro Roberto Barroso, julgamento em 3 mar. 2014. Disponível em: <http://portal.stf.jus.br/processos/downloadPeca.asp?id=203807430&ext=.pdf>. Acesso em: 28 mar. 2022.

Princípio da função social da propriedade (art. 170, incisos II e III, CB)

Ação Direta de Inconstitucionalidade n. 2.163. Relator originário Ministro Eros Grau. Relator para o acórdão Ministro Ricardo Lewandowski, julgamento em 12 abr. 2018. Disponível em: <https://redir.stf.jus.br/paginadorpub/paginador.jsp?docTP=TP&docID=750415180>. Acesso em: 28 mar. 2022.

Arguição de Descumprimento de Preceito Fundamental n. 706. Relatora Ministra Rosa Weber, julgamento em 18 nov. 2021. Disponível em: <http://portal.stf.jus.br/processos/detalhe.asp?incidente=5950544>. Acesso em: 28 mar. 2022.

Arguição de Descumprimento de Preceito Fundamental n. 713. Relatora Ministra Rosa Weber, julgamento em 18 nov. 2021. Disponível em: <http://portal.stf.jus.br/processos/detalhe.asp?incidente=5955074>. Acesso em: 28 mar. 2022.

Recurso Extraordinário n. 666.094. Relator Ministro Roberto Barroso, julgamento em 30 set. 2021. Disponível em: <http://portal.stf.jus.br/processos/detalhe.asp?incidente=4178086>. Acesso em: 28 mar. 2022.

Princípio da livre concorrência (art. 170, inciso IV, CB)

Ação Direta de Inconstitucionalidade n. 2.649. Relatora Ministra Cármen Lúcia, julgamento em 8 maio 2008. Disponível em: <https://redir.stf.jus.br/paginadorpub/paginador.jsp?docTP=AC&docID=555517>. Acesso em: 28 mar. 2022.

Ação Direta de Inconstitucionalidade n. 2.832. Relator Ministro Ricardo Lewandowski, julgamento em 7 maio 2008. Disponível em: <https://redir.stf.jus.br/paginadorpub/paginador.jsp?docTP=AC&docID=534975>. Acesso em: 28 mar. 2022.

Ação Direta de Inconstitucionalidade n. 3.273. Relator originário Ministro Carlos Britto. Relator para o acórdão Ministro Eros Grau, julgamento em 16 mar. 2005. Disponível em: <http://stf.jus.br/portal/inteiroTeor/obterInteiroTeor.asp?numero=3273&classe=ADI>. Acesso em: 28 mar. 2022.

Arguição de Descumprimento de Preceito Fundamental n. 46. Relator originário Ministro Marco Aurélio, Relator para o acórdão Ministro Eros Grau, julgamento em 5 ago. 2009. Disponível em: <https://redir.stf.jus.br/paginadorpub/paginador.jsp?docTP=AC&docID=608504>. Acesso em: 28 mar. 2022.

Medida Cautelar em Ação Cautelar n. 1.657. Relator originário Ministro Joaquim Barbosa. Relator para o acórdão Ministro Cezar Peluso, julgamento em 27 jun. 2007. Disponível em: <https://redir.stf.jus.br/paginadorpub/paginador.jsp?docTP=AC&docID=484304>. Acesso em: 28 mar. 2022.

Recurso Extraordinário n. 363.412. Relator Ministro Celso de Mello, julgamento em 8 ago. 2007. Disponível em: <https://redir.stf.jus.br/paginadorpub/paginador.jsp?docTP=AC&docID=548673>. Acesso em: 28 mar. 2022.

Recurso Extraordinário n. 1.054.110. Relator Ministro Roberto Barroso, julgamento em 9 maio 2017. Disponível em: <https://redir.stf.jus.br/paginadorpub/paginador.jsp?docTP=TP&docID=750765676>. Acesso em: 28 mar. 2022.

Súmula Vinculante n. 49. Disponível em: <https://jurisprudencia.stf.jus.br/pages/search/seq-sumula808/false>. Acesso em: 28 mar. 2022.

Princípio do livre exercício de atividade econômica (art. 170, parágrafo único, CB)

Ação Direta de Inconstitucionalidade n. 5.077. Relator Ministro Alexandre de Moraes, julgamento em 25 out. 2018. Disponível em: <https://redir.stf.jus.br/paginadorpub/paginador.jsp?docTP=TP&docID=748710834>. Acesso em: 28 mar. 2022.

Agravo Regimental no Agravo de Instrumento n. 683.098. Relatora Ministra Ellen Gracie, julgamento em 1º jun. 2010. Disponível em: <https://redir.stf.jus.br/paginadorpub/paginador.jsp?docTP=AC&docID=612627>. Acesso em: 28 mar. 2022.

Agravo Regimental no Recurso Extraordinário com Agravo n. 1.104.226-AgR. Relator Ministro Roberto Barroso, julgamento em 27 abr. 2018. Disponível em: <https://redir.stf.jus.br/paginadorpub/paginador.jsp?docTP=TP&docID=14880350>. Acesso em: 28 mar. 2022.

Arguição de Descumprimento de Preceito Fundamental n. 101. Relatora Ministra Cármen Lúcia, julgamento em 24 jun. 2009. Disponível em: <https://redir.stf.jus.br/paginadorpub/paginador.jsp?docTP=AC&docID=629955>. Acesso em: 28 mar. 2022.

Arguição de Descumprimento de Preceito Fundamental n. 449. Relator Ministro Luiz Fux, julgamento em 8 maio 2019. Disponível em: <https://redir.stf.jus.br/paginadorpub/paginador.jsp?docTP=TP&docID=750684777>. Acesso em: 28 mar. 2022.

Recurso Extraordinário n. 422.941. Relator Ministro Carlos Velloso, julgamento em 6 dez. 2005. Disponível em: <https://redir.stf.jus.br/paginadorpub/paginador.jsp?docTP=AC&docID=368446>. Acesso em: 28 mar. 2022.

Recurso Extraordinário n. 511.961. Relator Ministro Gilmar Mentes, julgamento em 17 jun. 2009. Disponível em: <https://redir.stf.jus.br/paginadorpub/paginador.jsp?docTP=AC&docID=605643>. Acesso em: 28 mar. 2022.

Recurso Extraordinário n. 648.622. Relator Ministro Luiz Fux, julgamento em 17 fev. 2012. Disponível em: <http://portal.stf.jus.br/processos/downloadPeca.asp?id=54516617&ext=.pdf>. Acesso em: 28 mar. 2022.

Recurso Extraordinário n. 1.054.110. Relator Ministro Roberto Barroso, julgamento em 9 maio 2017. Disponível em: <https://redir.stf.jus.br/paginadorpub/paginador.jsp?docTP=TP&docID=750765676>. Acesso em: 28 mar. 2022.

Princípio da redução das desigualdades regionais e sociais (art. 170, inciso VII, CB)

Ação Direta de Inconstitucionalidade n. 4.364. Relator Ministro Dias Toffoli, julgamento em 2 mar. 2011. Disponível em: <https://redir.stf.jus.br/paginadorpub/paginador.jsp?docTP=AC&docID=622955>. Acesso em: 28 mar. 2022.

Recurso Extraordinário n. 212.484. Relator originário Ministro Ilmar Galvão. Relator para o Acórdão Ministro Nelson Jobim, julgamento em 5 mar. 1998. Disponível em: <https://redir.stf.jus.br/paginadorpub/paginador.jsp?docTP=AC&docID=244157>. Acesso em: 28 mar. 2022.

Recurso Extraordinário com Repercussão Geral n. 592.891. Relatora Ministra Rosa Weber, julgamento em 25 abr. de 2019. Disponível em: <https://redir.stf.jus.br/paginadorpub/paginador.jsp?docTP=TP&docID=750909416>. Acesso em: 28 mar. 2022.

Princípio da soberania nacional (art. 170, inciso I, CB)

Ação Direta de Inconstitucionalidade n. 4.829. Relatora Ministra Rosa Weber, julgamento em 22 mar. 2021. Disponível em: <https://redir.stf.jus.br/paginadorpub/paginador.jsp?docTP=TP&docID=755551246>. Acesso em: 28 mar. 2022.

Arguição de Descumprimento de Preceito Fundamental n. 101. Relatora Ministra Cármen Lúcia, julgamento em 24 jun. 2009. Disponível em: <https://redir.stf.jus.br/paginadorpub/paginador.jsp?docTP=AC&docID=629955>. Acesso em: 28 mar. 2022.

Princípio da solidariedade (art. 3º, inciso I, CB)

Ação Direta de Inconstitucionalidade n. 4.033. Relator Ministro Joaquim Barbosa, julgamento em 15 set. 2010. Disponível em: <https://redir.stf.jus.br/paginadorpub/paginador.jsp?docTP=AC&docID=618678>. Acesso em: 28 mar. 2022.

Ação Direta de Inconstitucionalidade n. 5.543. Relator Ministro Edson Fachin, julgamento em 11 maio 2020. Disponível em: <https://redir.stf.jus.br/paginadorpub/paginador.jsp?docTP=TP&docID=753608126>. Acesso em: 28 mar. 2022.

Medida Cautelar na Ação Direta de Inconstitucionalidade n. 1.003. Relator Ministro Celso de Mello, julgamento em 1º ago. 1994. Disponível em: <https://redir.stf.jus.br/paginadorpub/paginador.jsp?docTP=AC&docID=346747>. Acesso em: 28 mar. 2022.

Princípio do tratamento favorecido para empresas brasileiras de pequeno porte (art. 170, IX, CB)

Recurso Extraordinário n. 627.543. Relator Ministro Dias Toffoli, julgamento em 30 out. 2013. Disponível em: <https://redir.stf.jus.br/paginadorpub/paginador.jsp?docTP=TP&docID=7066469>. Acesso em: 28 mar. 2022.

Tratados internacionais sobre direitos humanos: caráter materialmente constitucional (art. 5º, §2º, CB)

Valorização do trabalho humano (art. 170, *caput*, CB)

Ação Direta de Inconstitucionalidade n. 3.356. Relator Ministro Eros Grau, julgamento em 30 nov. 2017. Disponível em: <https://redir.stf.jus.br/paginadorpub/paginador.jsp?docTP=TP&docID=749053935>. Acesso em: 28 mar. 2022.

Ação Direta de Inconstitucionalidade n. 3.357. Relator Ministro Ayres Britto, julgamento em 30 nov. 2017. Disponível em: <https://redir.stf.jus.br/paginadorpub/paginador.jsp?docTP=TP&docID=749040549>. Acesso em: 28 mar. 2022.

Ação Direta de Inconstitucionalidade n. 3.406. Relatora Ministra Rosa Weber, julgamento em 29 nov. 2017. Disponível em: <https://redir.stf.jus.br/paginadorpub/paginador.jsp?docTP=TP&docID=749020501>. Acesso em: 28 mar. 2022.

Ação Direta de Inconstitucionalidade n. 3.470. Relatora Ministra Rosa Weber, julgamento em 29 nov. 2017. Disponível em: <https://redir.stf.jus.br/paginadorpub/paginador.jsp?docTP=TP&docID=749020501>. Acesso em: 28 mar. 2022.

Ação Direta de Inconstitucionalidade n. 3.937. Relator Ministro Marco Aurélio, julgamento em 24 ago. 2017. Disponível em: <https://redir.stf.jus.br/paginadorpub/paginador.jsp?docTP=TP&docID=749028439>. Acesso em: 28 mar. 2022.

Ação Direta de Inconstitucionalidade n. 4.066. Relatora Ministra Rosa Weber, julgamento em 24 ago. 2017. Disponível em: <https://redir.stf.jus.br/paginadorpub/paginador.jsp?docTP=TP&docID=14452232>. Acesso em: 28 mar. 2022.

Arguição de Descumprimento de Preceito Fundamental n. 109. Relator Ministro Edson Fachin, julgamento em 30 nov. 2017. Disponível em: <https://redir.stf.jus.br/paginadorpub/paginador.jsp?docTP=TP&docID=749050355>. Acesso em: 28 mar. 2022.

Referências bibliográficas

ARAGÃO, A. S. de. Art. 178. In: CANOTILHO, J. J. G. **Comentários à Constituição do Brasil**. São Paulo: Saraiva, 2018. p. 1942-1946.

ÁVILA, H. Tratamento diferenciado para produtos oriundos da Zona Franca de Manaus. Restrições ao Crédito por Ausência de Convênio Interestadual [...]. **Revista Dialética de Direito Tributário**, n. 144, p. 64-81, set/2007.

BARROSO, L. R. Liberdade de expressão e limitação a direitos fundamentais. Ilegitimidade de restrições à publicidade de refrigerantes e sucos. **Revista de Direito Público da Economia**, Belo Horizonte, ano 2, n. 7, p. 109-141, jul./set. 2004.

BASTOS, C. R. Título VII – Da ordem econômica e financeira. In: BASTOS, C. R.; MARTINS, I. G. da S. **Comentários à Constituição do Brasil**: promulgada em 5 de outubro de 1988. São Paulo: Saraiva, 1990, v. 7. p. 3-445.

BERCOVICI, G. Constituição econômica e dignidade da pessoa humana. **Revista da Faculdade de Direito da Universidade de São Paulo**, v. 102, p. 457-467, jan./dez. 2007. Disponível em: <https://www.revistas.usp.br/rfdusp/article/view/67764/70372>. Acesso em: 28 mar. 2022.

BERCOVICI, G. **Desigualdades regionais, Estado e Constituição.** São Paulo: Max Limonad, 2003.

BRASIL. Constituição (1934). **Diário Oficial da União**, Rio de Janeiro, RJ, 16 jul. 1934. Disponível em: <http://www.planalto.gov.br/ccivil_03/constituicao/constituicao34.htm>. Acesso em: 14 fev. 2022.

BRASIL. Constituição (1937). **Diário Oficial da União**, Rio de Janeiro, RJ, 10 nov. 1937. Disponível em: <http://www.planalto.gov.br/ccivil_03/constituicao/constituicao37.htm>. Acesso em: 14 fev. 2022.

BRASIL. Constituição (1946). **Diário Oficial da União**, Rio de Janeiro, RJ, 19 set. 1946. Disponível em: <http://www.planalto.gov.br/ccivil_03/constituicao/constituicao46.htm>. Acesso em: 14 fev. 2022.

BRASIL. Constituição (1946). Emenda Constitucional n. 16, de 26 de novembro de 1965. **Diário Oficial da União**, Brasília, DF, 6 dez. 1965. Disponível em: <https://www2.camara.leg.br/legin/fed/emecon/1960-1969/emendaconstitucional-16-26-novembro-1965-363609-norma-pl.html>. Acesso em: 14 fev. 2022.

BRASIL. Constituição (1967). **Diário Oficial da União**, Brasília, DF, 24 jan. 1967. Disponível em: <http://www.planalto.gov.br/ccivil_03/constituicao/constituicao67.htm>. Acesso em: 14 fev. 2022.

BRASIL. Constituição (1967). Emenda Constitucional n. 1, de 17 de outubro de 1969. **Diário Oficial da União**, Brasília, DF, 20 out. 1969. Disponível em: <http://www.planalto.gov.br/ccivil_03/constituicao/emendas/emc_anterior1988/emc01-69.htm>. Acesso em: 15 fev. 2022.

BRASIL. Constituição (1988). **Diário Oficial da União**, Brasília, DF, 5 out. 1988a. Disponível em: <http://www.planalto.gov.br/ccivil_03/constituicao/constituicao.htm>. Acesso em: 14 fev. 2022.

BRASIL. Constituição. Ato das Disposições Constitucionais Transitórias (1988). **Diário Oficial da União**, Brasília, DF, 5 out. 1988b. Disponível em: <https://www2.camara.leg.br/legin/fed/conadc/1988/constituicao.adct-1988-5-outubro-1988-322234-publicacaooriginal-1-pl.html>. Acesso em: 18 fev. 2022.

BRASIL. Constituição (1988). Emenda Constitucional n. 6, de 15 de agosto de 1995. **Diário Oficial da União**, Brasília, DF, 16 ago. 1995a. Disponível em: <http://www.planalto.gov.br/ccivil_03/constituicao/emendas/emc/emc06.htm#:~:text=%C3%89%20vedada%20a%20ado%C3%A7%C3%A3o%20de,171%20da%20Constitui%C3%A7%C3%A3o%20Federal.>. Acesso em: 24 fev. 2022.

BRASIL. Constituição (1988). Emenda Constitucional n. 42, de 19 de dezembro de 2003. **Diário Oficial da União**, Brasília, DF, 31 dez. 2003. Disponível em: <http://www.planalto.gov.br/ccivil_03/constituicao/emendas/emc/emc42.htm>. Acesso em: 24 fev. 2022.

BRASIL. Constituição (1988). Emenda Constitucional n. 45, de 30 de dezembro de 2004. **Diário Oficial da União**, Brasília, DF, 31 dez. 2004a. Disponível em: <http://www.planalto.gov.br/ccivil_03/constituicao/emendas/emc/emc45.htm>. Acesso em: 24 fev. 2022.

BRASIL. Decreto n. 2.860, de 7 de dezembro de 1998. **Diário Oficial da União**, Brasília, DF, 8 dez. 1998a. Disponível em: <http://www.planalto.gov.br/ccivil_03/decreto/d2860.htm>. Acesso em: 23 fev. 2022.

BRASIL. Decreto n. 2.861, de 7 de dezembro de 1998. **Diário Oficial da União**, Brasília, DF, 8 dez. 1998b. Disponível em : <http://www.planalto.gov.br/ccivil_03/decreto/d2861.htm>. Acesso em: 23 fev. 2022.

BRASIL. Decreto n. 5.910, de 27 de setembro de 2006. **Diário Oficial da União**, Brasília, DF, 28 set. 2006a. Disponível em: <http://www.planalto.gov.br/ccivil_03/_ato2004-2006/2006/decreto/d5910.htm>. Acesso em: 23 fev. 2022.

BRASIL. Decreto n. 6.949, de 25 de agosto de 2009. **Diário Oficial da União**, Brasília, DF, 26 ago. 2009a. Disponível em: <http://www.planalto.gov.br/ccivil_03/_ato2007-2010/2009/decreto/d6949.htm>. Acesso em: 18 fev. 2022.

BRASIL. Decreto n. 7.030, de 14 de dezembro de 2009. **Diário Oficial da União**, Brasília, DF, 15 dez. 2009b. Disponível em: <http://www.planalto.gov.br/ccivil_03/_ato2007-2010/2009/decreto/d7030.htm>. Acesso em: 23 fev. 2022.

BRASIL. Decreto n. 20.704, de 24 de novembro de 1931. **Diário Oficial da União**, Rio de Janeiro, RJ, 24 nov. 1931. Disponível em: <http://www.planalto.gov.br/ccivil_03/decreto/1930-1949/d20704.htm>. Acesso em: 23 fev. 2022.

BRASIL. Decreto n. 56.463, de 15 de junho de 1965. **Diário Oficial da União**, Brasília, DF, 28 jun. 1965. Disponível em: <http://www.planalto.gov.br/ccivil_03/decreto/1950-1969/d56463.htm>. Acesso em: 23 fev. 2022.

BRASIL. Decreto-Lei n. 2.848, 7 de dezembro de 1940. **Diário Oficial da União**, Rio de Janeiro, RJ, 31 dez. 1940. Disponível em: <http://www.planalto.gov.br/ccivil_03/decreto-lei/del2848compilado.htm>. Acesso em: 15 fev. 2022.

BRASIL. Lei n. 6.538, de 22 de junho de 1978. **Diário Oficial da União**, Brasília, DF, 23 jun. 1978. Disponível em: <http://www.planalto.gov.br/ccivil_03/leis/l6538.htm>. Acesso em: 14 fev. 2022.

BRASIL. Lei n. 6.729, de 28 de novembro de 1979. **Diário Oficial da União**, Brasília, DF, 29 nov. 1979. Disponível em: <https://legislacao.presidencia.gov.br/atos/?tipo=LEI&numero=6729&ano=1979&ato=b70ITTq1EMrRVTc65>. Acesso em: 18 fev. 2022.

BRASIL. Lei n. 8.039, de 30 de maio de 1990. **Diário Oficial da União**, Brasília, DF, 31 maio. 1990a. Disponível em: <https://www2.camara.leg.br/legin/fed/lei/1990/lei-8039-30-maio-1990-372183-publicacaooriginal-1-pl.html>. Acesso em: 14 fev. 2022.

BRASIL. Lei n. 8.078, de 11 de setembro de 1990. **Diário Oficial da União**, Brasília, DF, 12 set. 1990b. Disponível em: <http://www.planalto.gov.br/ccivil_03/leis/l8078compilado.htm>. Acesso em: 18 fev. 2022.

BRASIL. Lei n. 8.899, de 29 de junho de 1994. **Diário Oficial da União**, Brasília, DF, 30 jun. 1994. Disponível em: <https://www2.camara.leg.br/legin/fed/lei/1994/lei-8899-29-junho-1994-349610-norma-pl.html>. Acesso em: 18 fev. 2022.

BRASIL. Lei n. 9.055, de 1 de junho de 1995. **Diário Oficial da União**, Brasília, DF, 2 jun. 1995b. Disponível em: <http://www.planalto.gov.br/ccivil_03/leis/l9055.htm>. Acesso em: 15 fev. 2022.

BRASIL. Lei n. 12.006, de 29 de julho de 2009. **Diário Oficial da União**, Brasília, DF, 30 jul. 2009c. Disponível em: <http://www.planalto.gov.br/ccivil_03/_ato2007-2010/2009/lei/l12006.htm>. Acesso em: 22 fev. 2022.

BRASIL. Lei n. 12.249, de 11 de junho de 2010. **Diário Oficial da União**, Brasília, DF, 14 jun. 2010a. Disponível em: <http://www.planalto.gov.br/ccivil_03/_ato2007-2010/2010/lei/l12249.htm>. Acesso em: 18 fev. 2022.

BRASIL. Lei n. 12.965, 23 de abril de 2014. **Diário Oficial da União**, Brasília, DF, 24 abr. 2014a. Disponível em: <http://www.planalto.gov.br/ccivil_03/_ato2011-2014/2014/lei/l12965.htm>. Acesso em: 23 fev. 2022.

BRASIL. Lei Complementar n. 123, de 14 de dezembro de 2006. **Diário Oficial da União**, Brasília, DF, 15 dez. 2006b. Disponível em: <http://www.planalto.gov.br/ccivil_03/leis/lcp/lcp123.htm>. Acesso em: 23 fev. 2022.

BRASIL. Supremo Tribunal Federal. Ação Direta de Inconstitucionalidade n. 319-QO. Relator Ministro Moreira Alves, julgamento em 30 abr. 1993. **Diário da Justiça**, Brasília, DF, 30 abr. 1993. Disponível em: <https://redir.stf.jus.br/paginadorpub/paginador.jsp?docTP=AC&docID=918>. Acesso em: 14 fev. 2022.

BRASIL. Supremo Tribunal Federal. Ação Direta de Inconstitucionalidade n. 1.950. Relator Ministro Eros Grau, julgamento em 3 nov. 2005. **Diário da Justiça**, Brasília, DF, 2 jun. 2006c. Disponível em: <https://redir.stf.jus.br/paginadorpub/paginador.jsp?docTP=AC&docID=266808>.. Acesso em: 18 fev. 2022.

BRASIL. Supremo Tribunal Federal. Ação Direta de Inconstitucionalidade n. 2.163. Relator originário Ministro Eros Grau. Relator para o acórdão Ministro Ricardo Lewandowski, julgamento em 12 abr. 2018. **Diário da Justiça Eletrônico**, Brasília, DF, 23 ago. 2019a. Disponível em: <https://redir.stf.jus.br/paginadorpub/paginador.jsp?docTP=TP&docID=750415180>. Acesso em: 18 fev. 2022.

BRASIL. Supremo Tribunal Federal. Ação Direta de Inconstitucionalidade n. 2.359. Relator Ministro Eros Grau, julgamento em 27 set. 2006. **Diário da Justiça**, Brasília, DF, 7 dez. 2006d. Disponível em: <https://redir.stf.jus.br/paginadorpub/paginador.jsp?docTP=AC&docID=393960>. Acesso em: 20 fev. 2022.

BRASIL. Supremo Tribunal Federal. Ação Direta de Inconstitucionalidade n. 2.649. Relatora Ministra Cármen Lúcia, julgamento 8 maio 2008. **Diário da Justiça Eletrônico**, Brasília, DF, 17 out. 2008a. Disponível em: <https://redir.stf.jus.br/paginadorpub/paginador.jsp?docTP=AC&docID=555517>. Acesso em: 18 fev. 2022.

BRASIL. Supremo Tribunal Federal. Ação Direta de Inconstitucionalidade n. 2.832. Relator Min. Ricardo Lewandowski, julgamento em 7 maio 2008. **Diário da Justiça Eletrônico**, Brasília, DF, 20 jun. 2008b. Disponível em: <https://redir.stf.jus.br/paginadorpub/paginador.jsp?docTP=AC&docID=534975>. Acesso em: 18 fev. 2022.

BRASIL. Supremo Tribunal Federal. Ação Direta de Inconstitucionalidade n. 3.273. Relator originário Ministro Carlos Britto. Relator para o acórdão Ministro Eros Grau, julgamento em 16 mar. 2005. **Diário da Justiça**, Brasília, DF, 2 mar. 2007a. Disponível em: <http://stf.jus.br/portal/inteiroTeor/obterInteiroTeor.asp?numero=3273&classe=ADI>. Acesso em: 18 fev. 2022.

BRASIL. Supremo Tribunal Federal. Ação Direta de Inconstitucionalidade n. 3.512, Relator Ministro Eros Grau, julgamento em 15 fev. 2006. **Diário da Justiça**, Brasília, DF, 23 jun. 2006e. Disponível em: <https://redir.stf.jus.br/paginadorpub/paginador.jsp?docTP=AC&docID=363387>. Acesso em: 18 fev. 2022.

BRASIL. Supremo Tribunal Federal. Ação Direta de Inconstitucionalidade n. 3.937. Relator Ministro Marco Aurélio, julgamento em 24 ago. 2017. **Diário da Justiça Eletrônico**, Brasília, DF, 24 ago. 2017a. Disponível em: <https://redir.stf.jus.br/paginadorpub/paginador.jsp?docTP=TP&docID=749028439>. Acesso em: 24 fev. 2022.

BRASIL. Supremo Tribunal Federal. Ação Direta de Inconstitucionalidade n. 4.033. Relator Ministro Joaquim Barbosa, julgamento em 15 set. 2010. **Diário da Justiça Eletrônico**, Brasília, DF, 7 fev. 2011a. Disponível em: <https://redir.stf.jus.br/paginadorpub/paginador.jsp?docTP=AC&docID=618678>. Acesso em: 23 fev. 2022.

BRASIL. Supremo Tribunal Federal. Ação Direta de Inconstitucionalidade n. 4.066. Relatora Ministra Rosa Weber, julgamento em 24 ago. 2017. **Diário da Justiça Eletrônico**, Brasília, 7 mar. 2018a. Disponível em: <https://redir.stf.jus.br/paginadorpub/paginador.jsp?docTP=TP&docID=14452232>. Acesso em: 23 fev. 2022.

BRASIL. Supremo Tribunal Federal. Ação Direta de Inconstitucionalidade n. 4.364. Relator Ministro Dias Toffoli, julgamento em 2 mar. 2011. **Diário da Justiça Eletrônico**, Brasília, DF, 16 maio 2011b. Disponível em: <https://redir.stf.jus.br/paginadorpub/paginador.jsp?docTP=AC&docID=622955>. Acesso em: 23 fev. 2022.

BRASIL. Supremo Tribunal Federal. Ação Direta de Inconstitucionalidade n. 4.613. Relator Ministro Dias Toffoli, julgamento em 20 set. 2018. **Diário da Justiça Eletrônico**,

Brasília, DF, 3 dez. 2018b. Disponível em: <https://redir.stf.jus.br/paginadorpub/paginador.jsp?docTP=TP&docID=748774419>. Acesso em: 18 fev. 2022.

BRASIL. Supremo Tribunal Federal. Ação Direta de Inconstitucionalidade n. 4.829. Relatora Ministra Rosa Weber, julgamento em 22 mar. 2021. **Diário da Justiça Eletrônico**, Brasília, DF, 12 abr. 2021. Disponível em: <https://redir.stf.jus.br/paginadorpub/paginador.jsp?docTP=TP&docID=755551246>. Acesso em: 18 fev. 2022.

BRASIL. Supremo Tribunal Federal. Ação Direta de Inconstitucionalidade n. 5.077. Relator Ministro Alexandre de Moraes, julgamento em 25 out. 2018. **Diário da Justiça Eletrônico**, Brasília, DF, 23 nov. 2018c. Disponível em: <https://redir.stf.jus.br/paginadorpub/paginador.jsp?docTP=TP&docID=748710834>. Acesso em: 23 fev. 2022.

BRASIL. Supremo Tribunal Federal. Agravo Regimental no Agravo de Instrumento n. 683.098. Relatora Ministra Ellen Gracie, julgamento em 1º jun. 2010. **Diário da Justiça Eletrônico**, Brasília, DF, 25 jun. 2010b. Disponível em: <https://redir.stf.jus.br/paginadorpub/paginador.jsp?docTP=AC&docID=612627>. Acesso em: 23 fev. 2022.

BRASIL. Supremo Tribunal Federal. Agravo Regimental no Recurso Extraordinário n. 363.412. Relator Ministro Celso de Mello, julgamento em 8 ago. 2007. **Diário da Justiça Eletrônico**, Brasília, DF, 19 set. 2008c. Disponível em: <https://redir.stf.jus.br/paginadorpub/paginador.jsp?docTP=AC&docID=548673>. Acesso em: 18 fev. 2022.

BRASIL. Supremo Tribunal Federal. Agravo Regimental no Recurso Extraordinário n. 1.104.226. Relator Ministro Roberto Barroso, julgamento em 27 abr. 2018. **Diário da Justiça Eletrônico**, Brasília, DF, 25 maio. 2018d. Disponível em: <https://redir.stf.jus.br/paginadorpub/paginador.jsp?docTP=TP&docID=14880350>. Acesso em: 18 fev. 2022.

BRASIL. Supremo Tribunal Federal. Arguição de Descumprimento de Preceito Fundamental n. 46. Relator originário Ministro Marco Aurélio, Relator para o acórdão Ministro Eros Grau, julgamento em 5 ago. 2009. **Diário da Justiça Eletrônico**, Brasília, DF, 26 fev. 2010c. Disponível em: <https://redir.stf.jus.br/paginadorpub/paginador.jsp?docTP=AC&docID=608504>. Acesso em: 18 fev. 2022.

BRASIL. Supremo Tribunal Federal. Arguição de Descumprimento de Preceito Fundamental n. 101/Distrito Federal. Relatora Ministra Cármen Lúcia, julgamento em 24 jun. 2009. **Diário da Justiça Eletrônico**, Brasília, DF, 1 jun. 2012. Disponível em: <https://redir.stf.jus.br/paginadorpub/paginador.jsp?docTP=AC&docID=629955>. Acesso em: 18 fev. 2022.

BRASIL. Supremo Tribunal Federal. Arguição de Descumprimento de Preceito Fundamental n. 449/Distrito Federal. Relator Ministro Luiz Fux, julgamento em 8 maio 2019. **Diário da Justiça Eletrônico**, Brasília, DF, 2 set. 2019b. Disponível em: <https://redir.stf.jus.br/paginadorpub/paginador.jsp?docTP=TP&docID=750684777>. Acesso em: 18 fev. 2022.

BRASIL. Supremo Tribunal Federal. Mandado de Segurança n. 23.452. Relator Ministro Celso de Mello, julgamento em 16 set. 1999. **Diário da Justiça**, Brasília, DF, 12 maio 2000. Disponível em: <https://redir.stf.jus.br/paginadorpub/paginador.jsp?docTP=AC&docID=85966>. Acesso em: 22 fev. 2022.

BRASIL. Supremo Tribunal Federal. Medida Cautelar em Ação Cautelar n. 1.657. Relator originário Ministro Joaquim Barbosa. Relator para o acórdão Ministro Cezar Peluso, julgamento em 27 jun. 2007. **Diário da Justiça**, Brasília, DF, 31 ago. 2007b. Disponível em: <https://redir.stf.jus.br/paginadorpub/paginador.jsp?docTP=AC&docID=484304>. Acesso em: 18 fev. 2022.

BRASIL. Supremo Tribunal Federal. Medida Cautelar na Ação Direta de Inconstitucionalidade n. 3.540. **Diário da Justiça**, Brasília, DF, 3 fev. 2006f. Disponível em: <https://redir.stf.jus.br/paginadorpub/paginador.jsp?docTP=AC&docID=387260>. Acesso em: 18 fev. 2022.

BRASIL. Supremo Tribunal Federal. Recurso Extraordinário n. 297.901. Relatora Ministra Ellen Gracie, julgamento em 7 mar. 2006. **Diário Oficial da União**, Brasília, DF, 31 mar. 2006g. Disponível em: <https://redir.stf.jus.br/paginadorpub/paginador.jsp?docTP=AC&docID=260411>. Acesso em: 23 fev. 2022.

BRASIL. Supremo Tribunal Federal. Recurso Extraordinário n. 349.686. Relatora Ministra Ellen Gracie, julgamento em 14 jun. 2005. **Diário da Justiça Eletrônico**, Brasília, DF, 5 ago. 2005. Disponível em: <https://redir.stf.jus.br/paginadorpub/paginador.jsp?docTP=AC&docID=261185>. Acesso em: 23 fev. 2022.

BRASIL. Supremo Tribunal Federal. Recurso Extraordinário n. 351.750. Relator Ministro Marco Aurélio, julgamento em 17 mar. 2009. **Diário da Justiça Eletrônico**, Brasília, DF, 25 set. 2009d. Disponível em: <https://redir.stf.jus.br/paginadorpub/paginador.jsp?docTP=AC&docID=603051>. Acesso em: 23 fev. 2022.

BRASIL. Supremo Tribunal Federal. Recurso Extraordinário n. n. 359.444. Relator originário Ministro Carlos Velloso. Relator para o acórdão Ministro Marco Aurélio, julgamento em 24 mar. 2004. **Diário da Justiça Eletrônico**, Brasília, DF, 28 maio 2004b. Disponível em: <https://redir.stf.jus.br/paginadorpub/paginador.jsp?docTP=AC&docID=261471>. Acesso em: 24 fev. 2022.

BRASIL. Supremo Tribunal Federal. Recurso Extraordinário n. 414.426. Relatora Ministra Ellen Gracie, julgamento em 1º ago. 2011. **Diário da Justiça Eletrônico**, Brasília, DF, 10 out. 2011c. Disponível em: <https://redir.stf.jus.br/paginadorpub/paginador.jsp?docTP=AC&docID=628395>. Acesso em: 23 fev. 2022.

BRASIL. Supremo Tribunal Federal. Recurso Extraordinário n. 422.941. Relator Ministro Carlos Velloso, julgamento em 6 dez. 2005. **Diário da Justiça**, Brasília, DF, 24 mar. 2006h. Disponível em: <https://redir.stf.jus.br/paginadorpub/paginador.jsp?docTP=AC&docID=368446>. Acesso em: 23 fev. 2022.

BRASIL. Supremo Tribunal Federal. Recurso Extraordinário n. 511.961. Relator Ministro Gilmar Mentes, julgamento em 17 jun. 2009. **Diário da Justiça Eletrônico**, Brasília, DF, 13 nov. 2009e. Disponível em: <https://redir.stf.jus.br/paginadorpub/paginador.jsp?docTP=AC&docID=605643>. Acesso em: 23 fev. 2022.

BRASIL. Supremo Tribunal Federal. Recurso Extraordinário n. 592.891. Relatora Ministra Rosa Weber, julgamento em 25 abr. de 2019. **Diário da Justiça Eletrônico**, Brasília, DF, 20 set. 2019c. Disponível em: <https://redir.stf.jus.br/paginadorpub/paginador.jsp?docTP=TP&docID=750909416>. Acesso em: 23 fev. 2022.

BRASIL. Supremo Tribunal Federal. Recurso Extraordinário n. 627.543. Relator Ministro Dias Toffoli, julgamento em 30 out. 2013. **Diário da Justiça Eletrônico**, Brasília, DF, 29 out. 2014b. Disponível em: <https://redir.stf.jus.br/paginadorpub/paginador.jsp?docTP=TP&docID=7066469>. Acesso em: 23 fev. 2022.

BRASIL. Supremo Tribunal Federal. Recurso Extraordinário n. 636.331. **Diário da Justiça Eletrônico**, Brasília, DF, 13 nov. 2017b. Disponível em: <https://redir.stf.jus.br/paginadorpub/paginador.jsp?docTP=TP&docID=14028416>. Acesso em: 23 fev. 2022.

BRASIL. Supremo Tribunal Federal. Recurso Extraordinário n. 648.622. Relator Ministro Luiz Fux, julgamento em 17 fev. 2012. **Diário da Justiça**, Brasília, DF, 8 nov. 2013. Disponível em: <https://portal.stf.jus.br/processos/detalhe.asp?incidente=4107431>. Acesso em: 23 fev. 2022.

BRASIL. Supremo Tribunal Federal. Recurso Extraordinário n. 666.094. Relator Ministro Roberto Barroso, julgamento em 30 set. 2021. **Diário da Justiça**, Brasília, DF, 4 fev. 2022. Disponível em: <https://jurisprudencia.stf.jus.br/pages/search/sjur458525/false>. Acesso em: 18 fev. 2022.

BRASIL. Supremo Tribunal Federal. Recurso Extraordinário n. 1.054.110. Relator Ministro Roberto Barroso, julgamento em 9 maio 2019. **Diário da Justiça Eletrônico**, Brasília, DF, 1º jun. 2020. Disponível em: <https://redir.stf.jus.br/paginadorpub/paginador.jsp?docTP=TP&docID=750765676>. Acesso em: 23 fev. 2022.

BRASIL. Superior Tribunal Federal. Recurso Ordinário em Mandado de Segurança n. 23.732. Relator Ministro Gilmar Mendes, julgamento em 17 nov. 2009. **Diário da Justiça Eletrônico**, Brasília, DF, 19 fev. 2010d. Disponível em: <https://redir.stf.jus.br/paginadorpub/paginador.jsp?docTP=AC&docID=608237>. Acesso em: 22 fev. 2022.

BRASIL. Superior Tribunal Federal. Súmula vinculante n. 49. **Diário da Justiça**, Brasília, DF, 23 jun. 2015. Disponível em: <https://jurisprudencia.stf.jus.br/pages/search/seq-sumula808/false>. Acesso em: 18 fev. 2022.

BRASIL. Superior Tribunal Federal. **Tema 210**, 25 maio. 2017c. Disponível em: <http://www.stf.jus.br/portal/jurisprudenciaRepercussao/abrirTemasComRG.asp>. Acesso em: 23 fev. 2022.

CANOTILHO, J. J. G. **Direito Constitucional e Teoria da Constituição**. 7. ed. Coimbra: Almedina, 2003.

CAPPELLETTI, M. Formazioni sociali e interessi di gruppo davanti alla giustizia civile. **Rivista di Diritto Processuale**, n. 3, p. 30-367, 1975.

CASTRO, H.; GIANNASI, F.; NOVELLO, C. A luta pelo banimento do amianto nas Américas: uma questão de saúde pública. **Ciência e Saúde Coletiva**, Rio de Janeiro, v. 8, n. 4, p. 903-911, 2003.

CIDH. Corte Interamericana de Direitos Humanos. **Caso empregados da Fábrica de fogos de Santo Antônio de Jesus e seus familiares vs. Brasil**. Sentença de 15 de julho de 2020. San José, Costa Rica. Disponível em: <https://www.corteidh.or.cr/docs/casos/articulos/seriec_407_por.pdf>. Acesso em: 18 fev. 2022.

COCO, G. S. **Crisi ed evoluzione nel diritto di proprietà**. Milano: Giuffrè, 1965.

COMPARATO, F. K. **Direito público**: estudos e pareceres. Saraiva: São Paulo, 1996.

COMPARATO, F. K. Função social da propriedade dos bens de produção. **Revista de Direito Mercantil**, n. 63, p. 71-79, jul./set. 1986.

CRETELLA JÚNIOR, J. **Comentários à Constituição Brasileira de 1988**. 2. ed. Rio de Janeiro: Forense Universitária, 1990. v. VIII.

DALY, T. G. **The Alchemists**. Questioning our Faith in Court as Democratic-Builders. Cambridge: Cambridge Press, 2017.

DERZI, M. A. M. Imunidade, isenção e não incidência. In: MARTINS, I. G. da S.; NASCIMENTO, C. V.; MARTINS, R. G. da S. (Coord.). **Tratado de Direito Tributário**. São Paulo: Saraiva, 2011. v. 2. p. 330-354.

ESPÍRITO SANTO. Lei n. 5.652, de 26 de maio de 1998. **Diário Oficial do Estado**, Vitória, ES, 26 maio 1998. Disponível em: <https://www3.al.es.gov.br/Arquivo/Documents/legislacao/html/LEI56521998.html>. Acesso em: 18 fev. 2022.

ESPÍRITO SANTO. Lei n. 7.737, de 5 de abril de 2004. **Diário Oficial do Estado**, Vitória, ES, 6 abr. 2004. Disponível em: <https://www3.al.es.gov.br/Arquivo/Documents/legislacao/html/LEI77372004.html>. Acesso em: 18 fev. 2022.

FARACO, M. Deixando de lado o 'ativismo' e a 'autocontenção' judicial: a irrelevância jurídica dos termos para a Constituição de 1988. **Revista do Advogado**, v. 1, p. 147-155, 2018.

FARACO, M. Pluralismos jurídicos e conflitos normativos: a solução de antinomias sob a racionalidade dualista. In: GUIMARÃES, A. M. da C.; MARQUES, M. A. (Coord.). **DIGE**: Direito Internacional e Globalização Econômica. Belo Horizonte: Arraes, 2017. p. 61-74.

FARACO, M. Pluralismos jurídicos sob a perspectiva de um Código de Processo Constitucional: a necessária regulamentação processual do Controle de Convencionalidade das leis no Brasil. In: TAVARES, A. R.; GAMA, M. F. L. (Org.). **Um código de processo constitucional para o Brasil**. Belo Horizonte: Arraes, 2021. p. 337-354.

FARACO, M.; ACETI JUNIOR, L. C.; BOREGGIO NETO, A. **Manual da ordem**: direitos difusos e coletivos. São Paulo: Memes, 2008.

FERRAZ JÚNIOR, T. S. Congelamento de preços: tabelamentos oficiais. **Tercio Sampaio Ferraz Jr**, maio 1989. Blog. Disponível em: <https://www.terciosampaioferrazjr.com.br/publicacoes/congelamento-de-precos>. Acesso em: 23 fev. 2022.

FORTALEZA (Município). Lei n. 10.553, de 23 de dezembro de 2016. **Diário Oficial do Município**, Fortaleza, CE, 30 dez. 2016. Disponível em: <https://sapl.fortaleza.ce.leg.br/norma/4894?display>. Acesso em: 23 fev. 2022.

FURTADO, C. **Brasil**: a construção interrompida. 2. ed. Rio de Janeiro: Paz e Terra, 1992.

FURTADO, C. **Formação econômica do Brasil**. São Paulo: Companhia das Letras, 2007.

GRAU, E. R. **A ordem econômica na Constituição de 1988**. 18. ed. rev. e atual. São Paulo: Malheiros, 2017.

GRAU, E. R. Art. 170, caput. In: CANOTILHO, J. J. G. **Comentários à Constituição do Brasil**. São Paulo: Saraiva, 2018a. p. 1877-1886.

GRAU, E. R. Art. 170, VIII: busca do pleno emprego. In: CANOTILHO, J. J. G. **Comentários à Constituição do Brasil**. São Paulo: Saraiva, 2018b. p. 1910-1912.

INCA – Instituto Nacional de Câncer José Alencar Gomes da Silva. **Amianto**. Rio de Janeiro, 20 ago. 2021. Disponível em: <https://www.inca.gov.br/exposicao-no-trabalho-e-no-ambiente/amianto>. Acesso em: 15 fev. 2022.

JACKSON, R. H. **The Supreme Court in the American System of Government**. Cambridge: Harvard University, 1955.

KALECKI, M. **Crescimento e ciclo das economias capitalistas**. 2. ed. São Paulo: Hucitec, 1980.

MATTEUCCI, N. Soberania. In: BOBBIO, N.; MATTEUCCI, N.; PASQUINO, G. **Dicionário de política**. 5. ed. Brasília: Ed. da UnB; São Paulo: Imprensa Oficial do Estado, 2000. p. 1179-1188.

MAZZILLI, H. N. **A defesa dos interesses difusos em juízo**. 20. ed. rev., ampl. e atual. São Paulo: Saraiva, 2007.

MELLO, C. A. B. de. Eficácia das normas constitucionais sobre justiça social. **Revista do Serviço Público**, v. 39, n. 4, p. 63-78, out./dez. 1982. Disponível em: <https://revista.enap.gov.br/index.php/RSP/article/view/2239>. Acesso em: 7 fev. 2022.

MIRANDA, J. **Manual de Direito Constitucional**. 3. ed. Coimbra: Coimbra Editora, 2000. Tomo IV: Direitos Fundamentais.

MIRANDA, J. **Manual de Direito Constitucional**. 6. ed. Coimbra: Coimbra Editora, 2007. Tomo II: Constituição.

NASCIMENTO, T. M. C. do. **Comentários à Constituição Federal**: ordem econômica e financeira: arts. 170 a 192. Porto Alegre: Livraria do Advogado, 1997.

OEA – Organização dos Estados Americanos. **Protocolo adicional à Convenção Americana sobre Direitos Humanos em matéria de direitos econômicos, sociais e culturais, Protocolo de San Salvador**. San Salvador, El Salvador, 17 nov. 1988. Disponível em: <http://www.cidh.org/basicos/portugues/e.protocolo_de_san_salvador.htm>. Acesso em: 18 fev. 2022.

OIT – Organização Internacional do Trabalho. **Convenção n. 122**: sobre política de emprego. Genebra, 1965. Disponível em: <https://www.ilo.org/brasilia/convencoes/WCMS_235572/lang pt/index.htm>. Acesso em: 23 fev. 2022.

OIT – Organização Internacional do Trabalho. **Convenção n. 139**: sobre prevenção e controle de riscos profissionais causados por substâncias ou agentes cancerígenos. Genebra, 5 jun. 1974. Disponível em: <https://www.ilo.org/brasilia/convencoes/WCMS_235873/lang pt/index.htm>. Acesso em: 23 fev. 2022.

OIT – Organização Internacional do trabalho. **Convenção n. 162**: sobre utilização do amianto com segurança. Genebra, 4 jun. 1986. Disponível em: <https://www.ilo.org/brasilia/convencoes/WCMS_236241/lang pt/index.htm>. Acesso em: 23 fev. 2022.

ONU – Organização Geral das Nações Unidas. **Convenção da Basileia**. Suíça, 22 mar. 1989. Disponível em: <https://www.terrabrasilis.org.br/ecotecadigital/pdf/convencao-da-basileia--sobre-o-controle-de-movimentos-transfronteiricos-de-residuos-perigosos-e-seu-deposito.pdf>. Acesso em: 23 fev. 2022.

ONU – Organização Geral das Nações Unidas. **Convenção sobre os Direitos das Pessoas com Deficiência**. Assembleia Geral, Nova Iorque, 13 dez. 2006. Disponível em: <https://www.unicef.org/brazil/convencao-sobre-os-direitos-das-pessoas-com-deficiencia>. Acesso em: 18 fev. 2022.

ONU – Organização Geral das Nações Unidas. Declaração do Rio sobre Meio Ambiente e Desenvolvimento. In: **Report of the United Nations Conference on Environment and Development**, New York, 1993. (vol. 1). Disponível em: <https://undocs.org/en/A/CONF.151/26/Rev.1(vol.I)>. Acesso em: 23 fev. 2022.

ONU – Organização Geral das Nações Unidas. **Declaração Universal dos direitos humanos**. Assembleia geral, Paris, 10 dez. 1948. Disponível em: <https://www.ohchr.org/EN/UDHR/Pages/Language.aspx?LangID=por>. Acesso em: 18 fev. 2022.

ONU – Organização Geral das Nações Unidas. **Pacto Internacional dos Direitos Econômicos, Sociais e Culturais**. Assembleia Geral, 16 dez. 1966. Disponível em: <http://www.unfpa.org.br/Arquivos/pacto_internacional.pdf>. Acesso em: 18 fev. 2022.

PAGLIARINI, A. C. Teoria geral e crítica do direito constitucional e internacional dois direitos humanos. In: PAGLIARINI, A. C.; DIMOULIS, D. (Coord.). **Direito constitucional e internacional dos direitos humanos**. Belo Horizonte: Fórum, 2012. p. 25-48.

PARANÁ. Lei n. 13.519, de 8 de abril de 2002. **Diário Oficial do Estado**, Curitiba, PR, 9 abr. 2002. Disponível em: <https://portal.assembleia.pr.leg.br/modules/mod_legislativo_arquivo/mod_legislativo_arquivo.php?leiCod=26149&tipo=L&tplei=0>. Acesso em: 22 fev. 2022.

PEGORARO, L. **Sistemas de Justicia Constitucional**. Buenos Aires, Bogotá, Porto Alegre: Giappichelli, Astrea, 2020. (Coleção Derecho Constitucional Comparado).

PERNAMBUCO. Lei n. 12.589, de 26 de maio de 2004. **Diário Oficial do Estado**, Recife, PE, 26 maio 2004. Disponível em: <egis.alepe.pe.gov.br/texto.aspx?id=1117#:~:text=Dispõe%20 sobre%20a%20proibição%20do,das%20pessoas%20com%20aquele%20material.>. Acesso em: 18 fev. 2022.

RIO DE JANEIRO (Estado). Lei n. 3.364, de 7 de janeiro de 2000. **Diário Oficial do Estado**, Rio de Janeiro, RJ, 11 jan. 2000. Disponível em: <https://gov-rj.jusbrasil.com.br/legislacao/143474/lei-3364-00>. Acesso em: 18 fev. 2022.

RIO DE JANEIRO (Estado). Lei n. 3.579, de 6 de junho de 2001. **Diário Oficial do Estado**, Rio de Janeiro, RJ, 6 jun. 2001.

RIO GRANDE DO SUL. Lei n. 11.643, de 21 de junho de 2001. **Diário Oficial do Estado**, Porto Alegre, RS, 21 jun. 2001.

RONDÔNIA. Lei n. 3.213, de 10 de outubro de 2013. **Diário Oficial do Estado**, Rondônia, Porto Velho, 10 out. 2013. Disponível em: <https://www.legisweb.com.br/legislacao/?id=260648>. Acesso em: 23 fev. 2022.

SAAVEDRA, G. A. Art. 170, IV. In: CANOTILHO, J. J. G. **Comentários à Constituição do Brasil**. São Paulo: Saraiva, 2018. p. 1892-1899.

SACHS, I. Um projeto para o Brasil: a construção do mercado nacional como motor do desenvolvimento. In: PEREIRA, L. C. B.; REGO, J. M. (Org.). **A grande esperança em Celso Furtado**: ensaios em homenagem aos seus 80 anos. São Paulo: Ed. 34, 2001. p. 45-52.

SALDANHA, J. M. L. Diálogos interjurisdicionais: protagonismo dos juízes e construção de direitos "comuns". In: BERNIÉ, P. V.; WIEMANN, J. R. (Org.). **Derecho procesal constitucional**: constitucionalidad y convencionalidad en democracia. Paraguay: Hesakã, 2015. p. 309-319.

SANTA CATARINA. Lei Complementar n. 459, de 30 de setembro de 2009. **Diário Oficial do Estado**, Florianópolis, SC, 30 set. 2009. Disponível em: <http://www.normaslegais.com.br/legislacao/lcsc459_2009.htm>. Acesso em: 23 fev. 2022.

SÃO PAULO (Estado). Lei n. 7.844, de 13 de maio de 1992. **Diário Oficial do Estado**, São Paulo, SP, 14 maio 1992. Disponível em: <https://www.al.sp.gov.br/repositorio/legislacao/lei/1992/lei-7844-13.05.1992.html>. Acesso em: 18 fev. 2022.

SÃO PAULO (Estado). Lei n. 12.684, de 26 de julho de 2007. **Diário Oficial do Estado**, São Paulo, SP, 27 jul. 2007. Disponível em: <https://www.al.sp.gov.br/repositorio/legislacao/lei/2007/lei-12684-26.07.2007.html>. Acesso em: 18 fev. 2022.

SÃO PAULO (Município). Decreto n. 41.788, de 13 de março de 2002. **Diário Oficial da Cidade**, São Paulo, 14 mar. 2002. Disponível em: <http://legislacao.prefeitura.sp.gov.br/leis/decreto-41788-de-13-de-marco-de-2002/ >. Acesso em: 23 fev. 2022.

SÃO PAULO (Município). Lei n. 13.113, de 16 de março de 2001. **Diário Oficial da Cidade**, São Paulo, 17 mar. 2001. Disponível em: <http://legislacao.prefeitura.sp.gov.br/leis/lei-13113-de-16-de-marco-de-2001//consolidado>. Acesso em: 23 fev. 2022.

SÃO PAULO (Município). Lei n. 16.279, de 8 de outubro de 2015. **Diário Oficial da Cidade**, São Paulo, 9 out. 2015. Disponível em: <http://documentacao.camara.sp.gov.br/iah/fulltext/leis/L16279.pdf>. Acesso em: 23 fev. 2022.

SCAFF, F. do F.; SCAFF, L. C. de M. Art. 170, IX. In: CANOTILHO, J. J. G. **Comentários à Constituição do Brasil**. São Paulo: Saraiva, 2018. p. 1912-1914.

SMANIO, G. P. **Interesses difusos e coletivos**. 8. ed. São Paulo: Atlas, 2007.

SOUZA, M. C. de. **Interesses difusos em espécie**. 2. ed., rev., atual. e ampl. São Paulo: Saraiva, 2007.

SOUZA, W. P. A. de. A experiência brasileira de Constituição Econômica. **Revista de Informação Legislativa**, v. 26, n. 102, p. 21-48, abr./jun. 1989.

TAVARES, A. R. **Curso de direito constitucional**. 20. ed. São Paulo: Saraiva, 2022.

TAVARES, A. R. **Direito constitucional econômico**. São Paulo: Método, 2011.

TAVARES, A. R. **Direito econômico diretivo**: percursos das propostas transformativas. Tese de Titularidade, Universidade de São Paulo, São Paulo, 2014a.

TAVARES, A. R. Livre iniciativa empresarial. In: **Enciclopédia jurídica da PUC-SP**. CAMPILONGO, C. F.; GONZAGA, Á. de A.; FREIRE, A. L. (Coord.). Tomo: Direito Comercial. COELHO, F. U.; ALMEIDA, M. E. M. de (Coord. de Tomo). São Paulo, 2017. Disponível em:

<https://enciclopediajuridica.pucsp.br/verbete/237/edicao-1/livre-iniciativa-empresarial>. Acesso em: 18 fev. 2022.
TAVARES, A. R.; FARACO, M.; MATSUSHITA, T. A superioridade normativa dos tratados sobre transporte internacional na Constituição Econômica brasileira e a limitação de regras Consumeristas. **Revista Pensamento Jurídico**, São Paulo, v. 15, n. 3, p. 01-29, set./dez. 2021.
TAVARES, A. R. **Novo direito sumular brasileiro**: súmulas vinculantes do STF comentadas. São Paulo: Liquet, 2021.
TAVARES, A. R. **Peritaje**. Corte Interamericana de Direitos Humanos. Caso Granier y otros vs. Venezuela. Original não publicado. 2014b.
TAVARES, A. R. **Teoria da justiça constitucional**. São Paulo: Saraiva, 2005.
ZAGREBELSKY, G. **Fondata sul lavoro**: la solitudine dell'articolo 1. Torino: Giulio Einaudi, 2013.

Sobre os autores

André Ramos Tavares é livre-docente pela Faculdade de Direito da Universidade de São Paulo (USP). Doutor, mestre e bacharel pela Faculdade de Direito da Pontifícia Universidade Católica de São Paulo (PUC-SP). Professor titular da Faculdade de Direito da USP. Professor da PUC-SP. Coordenador do Programa de Mestrado e Doutorado em Direito da Faculdade Autônoma de Direito (Fadisp). Presidente do Instituto Brasileiro de Estudos Constitucionais.

Marina Faraco Lacerda Gama é doutora e mestre em Direito do Estado pela Pontifícia Universidade Católica de São Paulo (PUC-SP). Graduada em Direito pela PUC-SP. Professora da Faculdade de Direito da PUC-SP. Coordenadora adjunta do Programa de Mestrado em Direito Constitucional Econômico do Centro Universitário Alves Faria (Unialfa-GO).

Impressão: